Torty ako od profesionála

Recepty na najchutnejšie a najkrásnejšie torty pre každú príležitosť

Lucia Nováková

Obsah

pomarančový koláč marsala 12

broskyňový a hruškový koláč 14

ananásový koláč 15

Ananásovo-čerešňový koláč 16

Natálny ananásový koláč 17

hore nohami ananás 18

Ananásový orechový koláč 19

malinový koláč 20

Highland Banánový koláč 21

Medovo-rebarborová torta 22

cviklový koláč 23

mrkvový a banánový koláč 24

mrkvovo-jablkový koláč 25

Mrkvový a škoricový koláč 26

Koláč z mrkvy a tekvice 27

Mrkvový zázvorový koláč 28

Mrkvovo-orieškový koláč 30

Mrkvový, pomarančový a orechový koláč 31

Mrkvový, ananásový a kokosový koláč 32

mrkvovo-pistáciový koláč 33

Mrkvovo-orieškový koláč 34

Pikantný mrkvový koláč 35

Koláč z mrkvy a hnedého cukru 37

Koláč z tekvice a drene 38

Koláč z tekvice a pomaranča 39
Pikantný cuketový koláč 40
Tekvicový koláč 42
Ovocný tekvicový koláč 43
tekvicové korenie rolka 44
Rebarbora a medovník 46
sladký zemiakový koláč 47
Taliansky mandľový koláč 49
Torte s mandľovou kávou 50
Mandľový a medový koláč 51
mandľový a citrónový koláč 52
Pomarančový mandľový koláč 53
Bohatá mandľová torta 54
Švédsky makarónový koláč 55
Kokosový chlieb 56
kokosový koláč 57
Zlatá kokosová torta 58
kokosom potiahnutý koláč 59
Koláč s kokosom a citrónom 60
Vianočná kokosová torta 61
Kokosová sultánska torta 62
Chrumkavý orieškový koláč 63
miešaný lieskový koláč 64
Grécky orechový koláč 65
Orechový zmrzlinový koláč 67
Orechový koláč s čokoládovým krémom 68
Oriešokový koláč s medom a škoricou 69

Mandľové a medové tyčinky 70
Chrumkavé tyčinky z jabĺk a ríbezlí 72
Tyčinky z marhúľ a ovsených vločiek 73
Marhuľové koláčiky 74
Banánové orieškové tyčinky 75
americké muffiny 76
Čokoládové huby bravnis 77
orechové a čokoládové sušienky 78
Maslové tyčinky 79
Čerešňový karamelový plech na pečenie 80
čokoládový tanier 81
Škoricovo rozdrobená vrstva 82
Škoricové gýčové tyčinky 83
kokosové tyčinky 84
Sendvičové tyčinky s kokosovým džemom 85
Dátum a Apple zásobník 86
dátumové zóny 87
Babičkine dátumovky 88
Datlové a ovsené tyčinky 89
Tyčinky z datlí a orechov 90
figové tyčinky 91
flapjacks 92
Cherry Flapjacks 93
Čokoládové flapjacky 94
Ovocné Flapjacks 95
Ovocné a orechové fľaštičky 96
Ginger Flapjacks 97

Lieskový oriešok Flapjack 98

citrónové sušienky 99

Moka a kokosové štvorce 100

Ahoj Dolly Cookies 102

Kokosová čokoláda lieskovooriešková tyčinky 103

orechové štvorce 104

Pomarančové pekanové plátky 105

Parkovisko 106

Tyčinky s arašidovým maslom 107

piknikové plátky 108

Ananás a kokosové tyčinky 109

Slivkový kvasnicový koláč 110

Americké tekvicové tyčinky 112

Dule a mandľové tyčinky 113

Jahodová penová torta 115

veľkonočný klobúkový koláč 117

Veľkonočný koláč Simnel 119

Torta dvanástej noci 121

Jablkový koláč z mikrovlnky 122

Jablkový koláč z mikrovlnky 123

Jablkový a lieskový koláč v mikrovlnnej rúre 124

Mrkvový koláč z mikrovlnnej rúry 125

Mrkvový, ananásový a orechový koláč v mikrovlnnej rúre 126

Pikantné otrubové muffiny v mikrovlnnej rúre 128

Mučenkový banánový tvarohový koláč z mikrovlnnej rúry 129

Pomarančový tvarohový koláč v mikrovlnnej rúre 130

Ananásový tvarohový koláč v mikrovlnnej rúre 132

Orechový čerešňový chlieb do mikrovlnnej rúry 133

mikrovlnná čokoládová torta 134

Čokoládová mandľová torta do mikrovlnnej rúry 135

Dvojitá čokoládová torta do mikrovlnnej rúry 137

Čokolády s datľami do mikrovlnky 138

mikrovlnné čokoládové štvorčeky 139

Rýchly kávový koláč v mikrovlnnej rúre 140

Vianočná torta z mikrovlnky 141

Crumb Cake z mikrovlnnej rúry 143

datlové tyčinky do mikrovlnky 144

Figový chlieb v mikrovlnke 145

ovocný koláč z mikrovlnky 146

Kokosové ovocné štvorčeky do mikrovlnnej rúry 147

toffee torta z mikrovlnky 148

perník do mikrovlnky 149

mikrovlnné zázvorové tyčinky 150

zlatá torta z mikrovlnky 151

Medovo-orieškový koláč v mikrovlnke 152

Žuvacia tyčinka s müsli v mikrovlnnej rúre 153

pistáciový koláč z mikrovlnky 154

Koláč z pomarančovej šťavy v mikrovlnnej rúre 155

Pavlova v mikrovlnke 156

mikrovlnné sušienky 157

Jahodový koláč z mikrovlnky 158

piškótový koláč z mikrovlnky 159

Sultana sa varí v mikrovlnnej rúre 160

Čokoládové sušienky do mikrovlnnej rúry 161

Kokosové sušienky do mikrovlnnej rúry 162

Florentínky v mikrovlnke 163

Oriešškové a čerešňové sušienky do mikrovlnnej rúry 164

Sultánske sušienky v mikrovlnnej rúre 165

Banánový chlieb v mikrovlnke 166

Syrový chlieb do mikrovlnnej rúry 167

pistáciový chlieb do mikrovlnky 168

Žiadna rúra Amaretti Cake 169

Americké chrumkavé ryžové tyčinky 170

Marhuľové štvorce 171

Marhuľová torta 172

Rozbité koláčiky 173

Cmarový koláč bez rúry 174

gaštanový plátok 175

gaštanová piškóta 176

Čokoládové a mandľové tyčinky 178

Čokoládová chrumkavá torta 179

Čokoládové štvorčeky 180

Čokoládová torta v chladničke 181

Čokoládový a ovocný koláč 182

Čokoládové zázvorové štvorčeky 183

Luxusné čokoládové zázvorové štvorčeky 184

Čokoládové a medové sušienky 185

čokoládové lístkové cesto 186

krásne čokoládky 187

Čokoládové pralinkové štvorčeky 188

kokosové lupienky 189

chrumkavé tyčinky 190
Kokosové hroznové koláčiky 191
Štvorčeky mlieka a kávy 192
Ovocný koláč bez rúry 193
ovocné štvorce 194
Ovocné a vlákninové krekry 195
Nugátový koláč 196
Mlieko a kokosové štvorce 197
chrumkavé müsli 199
Orange Mousse Squares 200
Arašidové štvorce 201
Mätový karamelový koláč 202
ryžové koláčiky 203
Ryža a čokoládový fondán 204
Mandľové maslo 205
Mandľové maslo bez cukru 206
kráľovský krém 207
poleva bez cukru 208
fondánový krém 209
krémový krém 210
čokoládová omáčka 211
Krémová poleva z bielej čokolády 212
Kávová maslová poleva 213
citrónový krém na pečivo 214
Pomarančové maslo 215
tvarohový krém 216

pomarančový koláč marsala

Urobí tortu 9"/23 cm

175 g/6 oz/1 šálka hrozienok (zlaté hrozienka)

120 ml/4 fl oz/½ šálky Marsala

6 oz/¾ šálky/175 g masla alebo margarínu, zmäknuté

100 g/4 oz/½ šálky mäkkého hnedého cukru

225 g/8 oz/1 šálka práškového cukru (veľmi jemného)

3 vajcia, zľahka rozšľahané

Jemne nastrúhaná pomarančová kôra

5 ml/1 čajová lyžička vody z pomarančových kvetov

275 g/10 oz/2½ šálky hladkej múky (univerzálne)

10 ml/2 čajové lyžičky sódy bikarbóny (jedlej sódy)

štipka soli

13 fl oz/375 ml 1½ šálky cmaru

pomarančová likérová glazúra

Hrozienka namočte cez noc do Marsaly.
Maslo alebo margarín a cukry vyšľahajte do svetlej a nadýchanej hmoty. Postupne pridávame vajíčka, potom pridáme pomarančovú kôru a vodu z pomarančových kvetov. Múku, prášok do pečiva a soľ striedavo zmiešame s cmarom. Vmiešame namočené hrozienka a Marsalu. Rozdeľte do dvoch vymastených a vystlaných tortových foriem s priemerom 23 cm a pečte v predhriatej rúre na 180 °C/350 °F/termostat 4 35 minút, kým nezmäknú a okraje foriem sa nezačnú zmenšovať. Pred vybratím z formy na mriežke nechajte 10 minút vychladnúť vo formách, aby ste dokončili chladenie.

Koláčiky obložte polovicou krému z pomarančového likéru a na vrch namažte zvyšný krém.

broskyňový a hruškový koláč

Urobí tortu 9"/23 cm

6 oz/¾ šálky/175 g masla alebo margarínu, zmäknuté

2/3 šálky/5 uncí/150 g práškového cukru (veľmi jemný)

2 vajcia, zľahka rozšľahané

75 g/3 oz/¾ šálky celozrnnej múky (celozrnnej)

75 g/3 oz/¾ šálky hladkej múky (univerzálne)

10 ml/2 čajové lyžičky sódy bikarbóny

15 ml/1 polievková lyžica mlieka

2 broskyne bez kôstok (bez jadierok), olúpané a nakrájané

2 hrušky, olúpané, zbavené jadrovníkov a nakrájané

30 ml/2 lyžice práškového cukru, preosiateho

Maslo alebo margarín a cukor vyšľahajte do svetlej a nadýchanej hmoty. Postupne zašľaháme vajcia, potom vmiešame múku s práškom do pečiva, pridáme mlieko, aby zmes mala kvapkovú konzistenciu. Zmiešajte broskyne a hrušky. Zmes nalejte do vymastenej a vymastenej tortovej formy s priemerom 9 cm/23 cm a pečte v predhriatej rúre na 190 °C/termostat 5 1 hodinu, kým nebude dobre nafúknutá a mäkká na dotyk. Nechajte 10 minút vychladnúť na panvici a potom ju vyberte na mriežku, aby ste dokončili chladenie. Pred podávaním posypte práškovým cukrom.

ananásový koláč

Urobí tortu 8"/20 cm

100 g/4 oz/½ šálky masla alebo margarínu

350 g/12 oz/2 šálky zmiešaného sušeného ovocia (zmes ovocných koláčov)

225 g/8 oz/1 šálka mäkkého hnedého cukru

5 ml/1 lyžička. mleté korenie (jablkový koláč)

5 ml/1 čajová lyžička sódy bikarbóny (jedlej sódy)

15 oz/1 veľká konzerva rozdrvený ananás, nesladený, scedený

225 g/8 oz/2 šálky samokyprijúcej múky (samokypriacia)

2 miešané vajíčka

Všetky ingrediencie okrem múky a vajec dáme do hrnca a za stáleho miešania zľahka zohrejeme do varu. Nepretržite varte 3 minúty, potom nechajte zmes úplne vychladnúť. Vmiešame múku, potom postupne vmiešame vajíčka. Zmes nalejte do vymastenej a vystlanej tortovej formy s priemerom 8"/20 cm a pečte v predhriatej rúre na 180°C/350°F/termostat 4 1½ až 1½ hodiny, kým dobre nevykysne a nebude pevný. Osviežime ju v miske.

Ananásovo-čerešňový koláč

Urobí tortu 8"/20 cm

100 g/4 oz/½ šálky masla alebo margarínu, zmäkčeného

100 g/4 oz/1 šálka práškového cukru (veľmi jemného)

2 miešané vajíčka

225 g/8 oz/2 šálky samokyprijúcej múky (samokypriacia)

2,5 ml/½ čajovej lyžičky sódy bikarbóny

2,5 ml/½ lyžičky. mletá škorica

175 g/6 oz/1 šálka hrozienok (zlaté hrozienka)

25 g/1oz/2 polievkové lyžice. lyžice čerešní (kandizované)

14 oz/400 g veľkých plechoviek ananásu, scedených a nasekaných

30 ml/2 lyžice brandy alebo rumu

Práškový cukor (cukrovinky), preosiaty, na posypanie

Maslo alebo margarín a cukor vyšľahajte do svetlej a nadýchanej hmoty. Postupne zašľaháme vajcia, potom vmiešame múku, prášok do pečiva a škoricu. Jemne premiešajte zvyšok ingrediencií. Zmes nalejte do maslom vymastenej tortovej formy 20 cm/8" a pečte v predhriatej rúre na 160 °C/325 °F/termostat 3 pri teplote 30 °C počas 1 hodiny, kým špáradlo zapichnuté do stredu samo nevyjde. Nechajte vychladnúť, potom posypte práškovým cukrom a podávajte.

Natálny ananásový koláč

Urobí tortu 9"/23 cm

2 oz/¼ šálky/50 g masla alebo margarínu

100 g/4 oz/½ šálky práškového cukru (veľmi jemného)

1 vajce, zľahka rozšľahané

150 g/5 oz/1 ¼ šálky samokyprijúcej múky (samokypriacia)

štipka soli

120 ml/4 fl oz/½ šálky mlieka

Na ozdobu:

100 g čerstvého alebo konzervovaného ananásu, nahrubo nastrúhaného

1 polievková lyžica (sladkého) jablka, ošúpaného, zbaveného jadrovníka a nahrubo nastrúhaného

120 ml/4 fl oz/½ šálky pomarančového džúsu

15 ml / 1 polievková lyžica citrónovej šťavy

100 g/4 oz/½ šálky práškového cukru (veľmi jemného)

5 ml/1 lyžička. mletá škorica

Roztopte maslo alebo margarín, potom zmiešajte cukor a vajce, kým nebude nadýchaný. Pridajte múku a soľ striedavo s mliekom, aby ste vytvorili pastu. Nalejte do vymastenej a múkou vysypanej tortovej formy s priemerom 9 cm/23 cm a pečte v 4 rúrach predhriatych na 180 °C/termostat 4 25 minút, kým nebudú zlatisté a mäkké.

Všetky ingrediencie na náplň priveďte do varu a potom varte 10 minút. Nalejeme na horúci koláč a pečieme, kým ananás nezačne hnednúť. Pred podávaním horúce alebo studené vychlaďte.

hore nohami ananás

Urobí tortu 8"/20 cm

6 oz/¾ šálky/175 g masla alebo margarínu, zmäknuté

175 g/6 oz/¾ šálky mäkkého hnedého cukru

14 oz/400 g veľké plátky ananásu, scedené a šťava odložená

4 glazované čerešne (kandizované), rozpolené

2 vajcia

100 g/4 oz/1 šálka samokyprijúcej (samokypriaci) múky

3 oz/75 g/1/3 hrnčeka masla alebo margarínu smotajte s 3 oz/75 g/1/3 hrnčeka cukru do svetlej a nadýchanej hmoty a rozotrite na dno vymastenej 20-hrnkovej formy na muffiny (sporák). Navrch položíme plátky ananásu a posypeme čerešňami, zaoblenou stranou nadol. Zvyšok masla alebo margarínu spolu s cukrom vyšľahajte a potom postupne pridajte vajcia. Zmiešajte múku a 30 ml/2 polievkové lyžice. lyžice oddelenej ananásovej šťavy. Nalejte na ananás a pečte v rúre predhriatej na 180 °C/350 °F/termostat 4 45 minút, kým nebude pevný. Nechajte 5 minút vychladnúť na panvici, potom opatrne vyberte z panvice a prevráťte na mriežku, aby vychladla.

Ananásový orechový koláč

Urobí tortu 9"/23 cm

8 oz/1 šálka masla alebo margarínu, zmäkčeného

225 g/8 oz/1 šálka práškového cukru (veľmi jemného)

5 vajec

350 g/12 oz/3 šálky hladkej múky (univerzálne)

100 g/4 oz/1 šálka vlašských orechov, nahrubo nasekaných

2/3 šálky/100 g mrazeného (kandizovaného) ananásu, nasekaného

nejaké mlieko

Maslo alebo margarín a cukor vyšľahajte do svetlej a nadýchanej hmoty. Postupne rozšľahajte vajcia, potom vmiešajte múku, vlašské orechy a ananás a pridajte toľko mlieka, aby ste dosiahli konzistenciu podobnú kvapkám. Nalejte do maslom vymastenej a vymastenej tortovej formy s priemerom 23 cm a pečte v 2 rúrach predhriatych na 150 °C/300 °F/termostat 2 hodiny po dobu 1,5 hodiny, kým špáradlo v strede nebude čisté.

malinový koláč

Urobí tortu 8"/20 cm

100 g/4 oz/½ šálky masla alebo margarínu, zmäkčeného

200 g / 7 oz / menej 1 šálka práškového cukru (veľmi jemný)

2 vajcia, zľahka rozšľahané

8 fl oz/1 šálka sladkej a kyslej smotany (mlieka)

5 ml/1 čajová lyžička vanilkového extraktu

2¼ šálky/9 uncí/250 g hladkej múky (univerzálne)

5 ml/1 čajová lyžička sódy bikarbóny

5 ml/1 čajová lyžička sódy bikarbóny (jedlej sódy)

5 ml/1 lyžička. kakaový prášok (nesladená čokoláda)

2,5 ml/½ čajovej lyžičky soli

100 g čerstvých alebo rozmrazených mrazených malín

Na ozdobu:
30 ml/2 polievkové lyžice práškového cukru (veľmi jemný)

5 ml/1 lyžička. mletá škorica

Maslo alebo margarín a cukor spolu vyšľahajte. Postupne pridávame vajíčka, potom kyslú smotanu a vanilkový extrakt. Zmiešame múku, prášok do pečiva, sódu bikarbónu, kakao a soľ. Vmiešame maliny. Nalejte do maslom vymastenej formy na muffiny s priemerom 20 cm/8 palcov. Zmiešajte cukor a škoricu a posypte koláč. Pečte v predhriatej rúre na 200°C/400°F/termostat 4 po dobu 35 minút, kým nebude zlatohnedá a špajľa v strede bude čistá. Posypeme cukrom zmiešaným so škoricou.

Highland Banánový koláč

Urobí tortu 8"/20 cm

225 g/8 oz/2 šálky celozrnnej múky (celozrnnej)

10 ml/2 čajové lyžičky sódy bikarbóny

10 ml/2 polievkové lyžice. mletá škorica

45 ml/3 polievkové lyžice čistého medu

175 g/6 oz/1 šálka hrozienok (zlaté hrozienka)

2 vajcia

150 ml/¼ pt/2/3 šálky mlieka

8 oz/225 g rebarbory, nasekaná

30 ml/2 polievkové lyžice cukru demerara

Zmiešajte všetky ingrediencie okrem rebarbory a cukru. Vmiešame rebarboru a vylejeme do maslom vymastenej a múkou vysypanej tortovej formy s priemerom 8 palcov/20 cm. Posypte cukrom. Pečieme v predhriatych rúrach na 180°C/350°F/termostat 4 45 minút, kým nie sú pevné. Pred vybratím z formy nechajte 10 minút vychladnúť na panvici.

Medovo-rebarborová torta

Urobí dva koláče s hmotnosťou 1 lb/450 g

250 g/9 oz/2/3 šálky čistého medu

120 ml/4 fl oz/½ šálky oleja

1 vajce, zľahka rozšľahané

15 ml/1 polievková lyžica sódy bikarbóny (prášok do pečiva)

150 ml/¼ pt/2/3 šálky bieleho jogurtu

75 ml/5 polievkových lyžíc vody

350 g/12 oz/3 šálky hladkej múky (univerzálne)

10 ml/2 čajové lyžičky soli

350 g rebarbory, nakrájanej nadrobno

5 ml/1 čajová lyžička vanilkového extraktu

50 g/2 oz/½ šálky nasekaných zmiešaných orechov

Na ozdobu:
75 g/3 oz/1/3 šálky mäkkého hnedého cukru

5 ml/1 lyžička. mletá škorica

15 ml/1 čajová lyžička roztopeného masla alebo margarínu

Zmiešajte med a olej, potom vmiešajte vajíčko. Zmiešajte sódu bikarbónu s jogurtom a vodou, kým sa nerozpustí. Múku a soľ zmiešame a pridávame do medovej zmesi striedavo s jogurtom. Vmiešame rebarboru, vanilkový extrakt a pekanové orechy. Nalejte do dvoch vymastených a vystlaných 450g/1lb bochníkových foriem (formy). Spojte polevu a posypte koláče. Pečieme v predhriatej rúre na 160 °C/325 °F/termostat 3 1 hodinu, kým vrch nie je pevný a zlatohnedý. Nechajte vychladnúť na panviciach 10 minút, potom vyberte z formy na mriežku, aby ste dokončili chladenie.

cviklový koláč

Urobí tortu 8"/20 cm

250 g/9 oz/1 ¼ šálky hladkej múky (univerzálne)

15 ml/1 polievková lyžica sódy bikarbóny

5 ml/1 lyžička. mletá škorica

štipka soli

150 ml/8 fl oz/1 šálka oleja

300 g/11 oz/11/3 šálky práškového cukru (veľmi jemný)

3 vajcia, oddelené

5 oz/150 g surovej repy, ošúpanej a nahrubo nastrúhanej

5 oz/150 g mrkvy, nahrubo nastrúhanej

100 g/4 oz/1 šálka nasekaných zmiešaných orechov

Zmiešajte múku, prášok do pečiva, škoricu a soľ. Šľaháme s olejom a cukrom. Zmiešajte vaječné žĺtky, repu, mrkvu a vlašské orechy. Z bielkov vyšľaháme tuhý sneh, ktorý potom kovovou lyžicou zašľaháme do zmesi. Zmes nalejte do vymastenej a vystlanej tortovej formy s priemerom 8"/20 cm a pečte v 4 rúrach predhriatych na 180 °C/termostat 4, kým nebude lepkavá po dobu 1 hodiny.

mrkvový a banánový koláč

Urobí tortu 8"/20 cm

6 oz/175 g mrkvy, strúhanej

2 banány, roztlačené

75 g/3 oz/½ šálky hrozienok (zlaté hrozienka)

50 g/2 oz/½ šálky nasekaných zmiešaných orechov

175 g/6 oz/1½ šálky samokypriace múky (samokypriacia)

5 ml/1 čajová lyžička sódy bikarbóny

5 ml/1 lyžička. mleté korenie (jablkový koláč)

Šťava a nastrúhaná kôra z 1 pomaranča

2 miešané vajíčka

75 g/3 oz/1/2 šálky svetlého muscovado cukru

100 ml / 31/2 fl oz / menej 1/2 šálky slnečnicového oleja

Miešajte všetky zložky, kým sa dobre nezmiešajú. Nalejte do maslom vymastenej a vystlanej tortovej formy s priemerom 8 palcov/20 cm a pečte v predhriatej rúre na 180 °C/350 °F/termostat 4 1 hodinu, kým špáradlo zasunuté do stredu nevyjde čisté.

mrkvovo-jablkový koláč

Urobí tortu 9"/23 cm

250 g/9 oz/2 ¼ šálky samokyprijúcej múky (samokypriacia)

5 ml/1 čajová lyžička sódy bikarbóny (jedlej sódy)

5 ml/1 lyžička. mletá škorica

175 g/6 oz/¾ šálky mäkkého hnedého cukru

Jemne nastrúhaná pomarančová kôra

3 vajcia

200 ml / 7 fl oz / menej oleja 1 šálka

150 g celého (sladkého) jablka, ošúpaného, zbaveného jadrovníka a nastrúhaného

5 oz/150 g mrkvy, strúhanej

2/3 šálky/100 g nasekaných sušených marhúľ pripravených na priamu spotrebu

100 g/4 oz/1 šálka vlašských alebo pekanových orechov, nasekaných

Zmiešajte múku, prášok do pečiva a škoricu, potom vmiešajte cukor a pomarančovú kôru. V oleji rozšľaháme vajcia, potom vmiešame jablká, mrkvu a dve tretiny marhúľ a vlašské orechy. Múčnu zmes premiešame a vylejeme do maslom vymastenej a vysypanej tortovej formy s priemerom 9/23 cm. Posypeme zvyšnými nasekanými marhuľami a vlašskými orechmi. Pečte v predhriatej rúre na 180 °C/350 °F/termostat 4 30 minút, kým nezmäkne. Nechajte mierne vychladnúť na panvici, potom vyberte z formy na mriežke, aby ste dokončili chladenie.

Mrkvový a škoricový koláč

Urobí tortu 8"/20 cm

100 g/4 oz/1 šálka celozrnnej múky (celozrnnej)

100 g/4 oz/1 šálka hladkej múky (univerzálne)

15 ml/1 čajová lyžička mletej škorice

5 ml/1 lyžička. strúhaný kokos

10 ml/2 čajové lyžičky sódy bikarbóny

100 g/4 oz/½ šálky masla alebo margarínu

100 g/4 oz/1/3 šálky čistého medu

100 g/4 oz/½ šálky mäkkého hnedého cukru

8 oz/225 g mrkvy, strúhanej

V miske zmiešame múku, škoricu, muškátový oriešok a prášok do pečiva. Maslo alebo margarín rozpustíme s medom a cukrom a potom vmiešame múku. Pridajte mrkvu a dobre premiešajte. Nalejte do maslom vymastenej a vystlanej tortovej formy s priemerom 8 palcov/20 cm a pečte v predhriatej rúre na 160 °C/325 °F/termostat 3 1 hodinu, kým špáradlo zasunuté do stredu nevyjde čisté. Nechajte vychladnúť na panvici 10 minút, potom vyberte z formy na mriežke, aby ste dokončili chladenie.

Koláč z mrkvy a tekvice

Urobí tortu 9"/23 cm

2 vajcia

175 g/6 oz/¾ šálky mäkkého hnedého cukru

100 g strúhanej mrkvy

50 g cukety (cukety), strúhanej

75 ml/5 polievkových lyžíc oleja

225 g/8 oz/2 šálky samokyprijúcej múky (samokypriacia)

2,5 ml/½ čajovej lyžičky sódy bikarbóny

5 ml/1 lyžička. mleté korenie (jablkový koláč)

tvarohový krém

Vajcia, cukor, mrkvu, cuketu a olej zmiešame. Pridajte múku, prášok do pečiva a zmiešané korenie a miešajte, kým nezískate hladké cesto. Nalejte do vymastenej a vymastenej tortovej formy s priemerom 9 cm/23 cm a pečte v predhriatej rúre na 180°C/350°F/termostat 4 30 minút, kým špáradlo zasunuté do stredu nevyjde čisté. Dáme do chladničky a potom natrieme polevou zo smotanového syra.

Mrkvový zázvorový koláč

Urobí tortu 8"/20 cm

2/3 šálky/6 uncí/175 g masla alebo margarínu

100 g/4 oz/1/3 šálky zlatého sirupu (svetlá kukurica)

120 ml/4 fl oz/½ šálky vody

100 g/4 oz/½ šálky mäkkého hnedého cukru

5 oz/150 g mrkvy, nahrubo nastrúhanej

5 ml/1 čajová lyžička sódy bikarbóny (jedlej sódy)

200 g/7 oz/1¾ šálky hladkej múky (univerzálne)

100 g/4 oz/1 šálka samokyprijúcej (samokypriaci) múky

5 ml/1 lyžička. mletý zázvor

štipka soli

Na polevu (polevu):

175 g/6 oz/1 šálka práškového cukru (na cukrovinky), preosiateho

5 ml/1 lyžička. zmäknuté maslo alebo margarín

30 ml/2 polievkové lyžice citrónovej šťavy

Roztopte maslo alebo margarín so sirupom, vodou a cukrom a potom priveďte do varu. Odstráňte z tepla a zmiešajte s mrkvou a sódou bikarbónou. necháme vychladnúť. Zmiešajte múku, zázvor a soľ, nalejte do vymastenej tortovej formy s priemerom 20 cm/8 palcov a pečte v predhriatej rúre na 180°C/350°F/termostat 4 45 minút, kým nebude pevná. Vyberte z formy a nechajte vychladnúť.

Práškový cukor zmiešame s maslom alebo margarínom a takým množstvom citrónovej šťavy, aby vznikol roztierateľný krém. Tortu rozrežte vodorovne na polovicu, potom polovicu krému použite na obloženie torty a lemovania, alebo zvyšok natrite navrch.

Mrkvovo-orieškový koláč

Urobí tortu 7"/18 cm

2 veľké vajcia, oddelené

2/3 šálky/5 uncí/150 g práškového cukru (veľmi jemný)

8 oz/225 g mrkvy, strúhanej

5 oz/1 ¼ šálky nasekaných zmiešaných orechov

10 ml/2 polievkové lyžice. strúhaná citrónová kôra

50 g/2 oz/½ šálky hladkej múky (univerzálne)

2,5 ml/½ čajovej lyžičky sódy bikarbóny

Vaječné žĺtky a cukor vyšľaháme do krémova. Vmiešame mrkvu, vlašské orechy a citrónovú kôru, potom vmiešame múku a prášok do pečiva. Vaječné bielky vyšľaháme, kým sa nevytvoria mäkké vrcholy, a potom ich vmiešame do zmesi. Vytvarujte vymastenú štvorcovú formu 19 cm/7. Pečte v 4 predhriatych rúrach pri 180 °C/350 °F/termostat 40 až 45 minút, kým špáradlo zasunuté do stredu nevyjde čisté.

Mrkvový, pomarančový a orechový koláč

Urobí tortu 8"/20 cm

100 g/4 oz/½ šálky masla alebo margarínu, zmäkčeného

100 g/4 oz/½ šálky mäkkého hnedého cukru

5 ml/1 lyžička. mletá škorica

5 ml/1 lyžička. strúhaná pomarančová kôra

2 vajcia, zľahka rozšľahané

15 ml/1 polievková lyžica pomarančovej šťavy

100 g najemno nastrúhanej mrkvy

50 g/2 oz/½ šálky nasekaných zmiešaných orechov

225 g/8 oz/2 šálky samokyprijúcej múky (samokypriacia)

5 ml/1 čajová lyžička sódy bikarbóny

Vyšľahajte maslo alebo margarín, cukor, škoricu a pomarančovú kôru, až kým nebude svetlá a nadýchaná. Pomaly vmiešame vajcia a pomarančovú šťavu, potom vmiešame mrkvu, vlašské orechy, múku a prášok do pečiva. Nalejte do vymastenej a vystlanej tortovej formy s priemerom 8"/20 cm a pečte v 4 rúrach predhriatych na 180 °C/termostat 4 45 minút, kým sa nelepia do ruky.

Mrkvový, ananásový a kokosový koláč

Urobí tortu 10"/25 cm

3 vajcia

350 g/12 oz/1½ šálky práškového cukru (veľmi jemného)

300 ml/½ bodu/1¼ šálky oleja

5 ml/1 čajová lyžička vanilkového extraktu

225 g/8 oz/2 šálky hladkej múky (univerzálne)

5 ml/1 čajová lyžička sódy bikarbóny (jedlej sódy)

10 ml/2 polievkové lyžice. mletá škorica

5 ml/1 čajová lyžička soli

8 oz/225 g mrkvy, strúhanej

100 g konzervovaného ananásu, scedeného a rozdrveného

100 g/4 oz/1 šálka sušeného kokosu (strúhaného)

100 g/4 oz/1 šálka nasekaných zmiešaných orechov

Práškový cukor (cukrovinky), preosiaty, na posypanie

Vajcia, cukor, olej a vanilkový extrakt vyšľaháme. Múku, prášok do pečiva, škoricu a soľ zmiešame a postupne pridávame do zmesi. Vmiešame mrkvu, ananás, kokos a vlašské orechy. Nalejte do maslom vymastenej a múkou vysypanej tortovej formy s priemerom 10/25 cm a pečte v predhriatej rúre na 160 °C/325 °F/termostat 3 1½ hodiny, kým špáradlo zasunuté do stredu nevyjde čisté. Nechajte 10 minút vychladnúť na panvici a potom ju vyberte na mriežku, aby ste dokončili chladenie. Pred podávaním posypte práškovým cukrom.

mrkvovo-pistáciový koláč

Urobí tortu 9"/23 cm

100 g/4 oz/½ šálky masla alebo margarínu, zmäkčeného

100 g/4 oz/½ šálky práškového cukru (veľmi jemného)

2 vajcia

225 g/8 oz/2 šálky hladkej múky (univerzálne)

5 ml/1 čajová lyžička sódy bikarbóny (jedlej sódy)

5 ml/1 lyžička. mletý kardamón

8 oz/225 g mrkvy, strúhanej

2 oz/½ šálky/50 g arašidov, nasekaných

50 g/2 oz/½ šálky mletých mandlí

100 g/4 oz/2/3 šálky hrozienok (zlaté hrozienka)

Maslo alebo margarín a cukor vyšľahajte do svetlej a nadýchanej hmoty. Postupne pridávajte vajcia, po každom pridaní dobre šľahajte, potom vmiešajte múku, prášok do pečiva a kardamón. Zmiešajte mrkvu, vlašské orechy, mleté mandle a hrozienka. Zmes nalejte do vymastenej a vymastenej tortovej formy s priemerom 9 cm/23 cm a pečte v 4 predhriatych rúrach na 180 °C/180 °C s termostatom 40 minút, kým dobre nevykysnú, nebudú zlatohnedé a mäkké na dotyk.

Mrkvovo-orieškový koláč

Urobí tortu 9"/23 cm

200 ml / 7 fl oz / menej oleja 1 šálka

4 vajcia

225 g/8 oz/2/3 šálky čistého medu

225 g/8 oz/2 šálky celozrnnej múky (celozrnnej)

10 ml/2 čajové lyžičky sódy bikarbóny

2,5 ml/½ čajovej lyžičky sódy bikarbóny (jedlej sódy)

štipka soli

5 ml/1 čajová lyžička vanilkového extraktu

6 oz/175 g mrkvy, nahrubo nastrúhanej

175 g/6 oz/1 šálka hrozienok

100 g / 4 oz / 1 šálka vlašských orechov, jemne nasekaných

Zmiešame olej, vajce a med. Postupne pridajte všetky zvyšné ingrediencie a šľahajte, kým sa dobre nepremiešajú. Vylejeme do vymastenej a múkou vysypanej tortovej formy s priemerom 23 cm a pečieme v predhriatej rúre na 180°C/350°F/termostat 4 1 hodinu, kým špáradlo zapichnuté do stredu nevyjde čisté.

Pikantný mrkvový koláč

Urobí tortu 7"/18 cm

175 g/6 oz/1 šálka datlí

120 ml/4 fl oz/½ šálky vody

6 oz/¾ šálky/175 g masla alebo margarínu, zmäknuté

2 vajcia, zľahka rozšľahané

225 g/8 oz/2 šálky samokyprijúcej múky (samokypriacia)

6 oz/175 g mrkvy, jemne nastrúhanej

25g/1oz/¼ šálky mletých mandlí

Nastrúhaná kôra z 1 pomaranča

2,5 ml/½ lyžičky. mleté korenie (jablkový koláč)

2,5 ml/½ lyžičky. mletá škorica

2,5 ml/½ lyžičky. mletý zázvor

Na polevu (polevu):

350 g/12 oz/1½ šálky tvarohu

25 g/1oz/2 polievkové lyžice. lyžice masla alebo margarínu, zmäkčené

Nastrúhaná kôra z 1 pomaranča

Datle a vodu vložte do malého hrnca, priveďte do varu a varte 10 minút, kým nezmäknú. Odstráňte a vyhoďte kôstky (kôstky), potom datle nakrájajte nadrobno. Datle vymiešame s tekutinou, maslom alebo margarínom a vajíčkami do krémova. Pridajte všetky ostatné ingrediencie na koláč. Zmes nalejeme do maslom vymastenej a múkou vysypanej tortovej formy s priemerom 7 cm/18 cm a pečieme v predhriatej rúre na 180°C/350°F/termostat 4 1 hodinu, kým nevyjde špáradlo zapichnuté do stredu. Nechajte 10 minút vychladnúť na panvici a potom ju vyberte na mriežku, aby ste dokončili chladenie.

Na prípravu polevy šľahajte všetky ingrediencie, kým nezískate roztierateľnú konzistenciu, v prípade potreby pridajte trochu viac pomarančovej šťavy alebo vody. Tortu vodorovne prekrojíme na polovicu, vrstvy obložíme polovicou krému a zvyšok natrieme na vrch.

Koláč z mrkvy a hnedého cukru

Urobí tortu 7"/18 cm

5 vajec, oddelených

200 g/7 oz/malá 1 šálka mäkkého hnedého cukru

15 ml / 1 polievková lyžica citrónovej šťavy

300g/10oz strúhaná mrkva

225 g/8 oz/2 šálky mletých mandlí

25 g/1 oz/¼ šálky celozrnnej múky (celozrnnej)

5 ml/1 lyžička. mletá škorica

25 g/1oz/2 polievkové lyžice. lyžice masla alebo margarínu, rozpustené

25g/1oz/2 lyžice práškového cukru (veľmi jemný)

30 ml/2 polievkové lyžice jednoduchého krému (svetlého)

75 g/3 oz/¾ šálky nasekaných zmiešaných orechov

Vaječné žĺtky vyšľaháme do peny, cukor vymiešame do hladka, potom vmiešame citrónovú šťavu. Vmiešajte jednu tretinu mrkvy, potom jednu tretinu mandlí a pokračujte, kým sa všetko nezmieša. Zmiešame s múkou a škoricou. Z bielkov vyšľaháme tuhý sneh, ktorý potom kovovou lyžicou zašľaháme do zmesi. Nalejte do 18 cm/7 hlbokej maslom vymastenej a vystlanej tortovej formy a pečte v 4 predhriatych rúrach pri teplote 180 °C/350 °F/termostat 1 hodinu. Koláč voľne prikryte pergamenovým (voskovaným) papierom a znížte teplotu rúry na 160 °C/325 °F/termostat 3 na ďalších 15 minút alebo dovtedy, kým sa koláč mierne nevytiahne zo strán formy a stred bude ešte vlhký.

Zmiešajte rozpustené maslo alebo margarín, cukor, smotanu a orechy, nalejte na koláč a varte pod stredným brojlerom dozlatista.

Koláč z tekvice a drene

Urobí tortu 8"/20 cm

225 g/8 oz/1 šálka práškového cukru (veľmi jemného)

2 miešané vajíčka

120 ml/4 fl oz/½ šálky oleja

100 g/4 oz/1 šálka hladkej múky (univerzálne)

5 ml/1 čajová lyžička sódy bikarbóny

2,5 ml/½ čajovej lyžičky sódy bikarbóny (jedlej sódy)

2,5 ml/½ čajovej lyžičky soli

100 g cukety (cukety), strúhanej

100 g drveného ananásu

50 g nasekaných vlašských orechov

5 ml/1 čajová lyžička vanilkového extraktu

Cukor a vajcia vyšľaháme do bieleho a dobre premiešaného stavu. Pridajte olej a potom suché prísady. Vmiešame tekvicu, ananás, vlašské orechy a vanilkový extrakt. Vylejeme do vymastenej a múkou vysypanej tortovej formy s priemerom 20 cm a pečieme v predhriatej rúre na 180°C/350°F/termostat 4 1 hodinu, kým špáradlo zapichnuté do stredu nevyjde čisté. Nechajte vychladnúť na panvici 30 minút pred vybratím z formy na drôtenej mriežke, aby ste dokončili chladenie.

Koláč z tekvice a pomaranča

Urobí tortu 10"/25 cm

8 oz/1 šálka masla alebo margarínu, zmäkčeného

450 g/1 lb/2 šálky mäkkého hnedého cukru

4 vajcia, zľahka rozšľahané

275 g/10 oz/2½ šálky hladkej múky (univerzálne)

15 ml/1 polievková lyžica sódy bikarbóny

2,5 ml/½ čajovej lyžičky soli

5 ml/1 lyžička. mletá škorica

2,5 ml/½ čajovej lyžičky strúhaného kokosu

Štipka mletých klinčekov

Nastrúhaná kôra a šťava z 1 pomaranča

225 g/8 oz/2 šálky cukety (cukety), strúhanej

Maslo alebo margarín a cukor vyšľahajte do svetlej a nadýchanej hmoty. Postupne pridajte vajcia, potom pridajte múku, prášok do pečiva, soľ a korenie, striedavo s pomarančovou kôrou a šťavou. Vmiešame cuketu. Nalejte do maslom vymastenej a vymastenej tortovej formy s priemerom 10/25 cm a pečte v 4 rúrach predhriatych na 180°C/350°F/termostat 4 1 hodinu, kým nezozlatnú a nezmäknú. Ak vrch ku koncu varenia začne príliš hnednúť, prikryte ho pergamenovým (voskovaným) papierom.

Pikantný cuketový koláč

Urobí tortu 10"/25 cm

350 g/12 oz/3 šálky hladkej múky (univerzálne)

10 ml/2 čajové lyžičky sódy bikarbóny

7,5 ml/1 ½ lyžičky. mletá škorica

5 ml/1 čajová lyžička sódy bikarbóny (jedlej sódy)

2,5 ml/½ čajovej lyžičky soli

8 bielkov

450 g/1 lb/2 šálky práškového cukru (veľmi jemný)

100 g/4 oz/1 šálka jablkovej omáčky (omáčky)

120 ml/4 fl oz/½ šálky cmaru

15 ml/1 polievková lyžica vanilkového extraktu

5 ml/1 lyžička. najemno nastrúhaná pomarančová kôra

350 g/12 oz/3 šálky cukety (cukety), strúhanej

75 g nasekaných vlašských orechov

Na ozdobu:

100 g/4 oz/½ šálky smotanového syra

25 g/1oz/2 polievkové lyžice. lyžice masla alebo margarínu, zmäkčené

5 ml/1 lyžička. najemno nastrúhaná pomarančová kôra

10 ml/2 čajové lyžičky pomarančovej šťavy

350 g/12 oz/2 šálky práškového cukru (na cukrovinky), preosiateho

Suché ingrediencie spolu zmiešame. Vaječné bielky šľaháme, kým sa nevytvoria mäkké vrcholy. Pomaly vmiešajte cukor, potom jablkový pretlak, cmar, vanilkový extrakt a pomarančovú kôru. Vmiešame múčnu zmes, potom tekvicu a vlašské orechy. Nalejte do maslom vymastenej a múkou vysypanej tortovej formy s priemerom 25 cm/10 palcov a pečte pri predhriatej teplote 150 °C/300 °F/termostat 2 1 hodinu, kým špáradlo zasunuté do stredu nevyjde čisté. Osviežime ju v miske.

Všetky suroviny na plnku vyšľaháme do hladka, pridáme toľko cukru, aby sme dosiahli roztierateľnú konzistenciu. Natrieme na vychladnutý koláč.

Tekvicový koláč

Vytvára tortu s rozmermi 9" x 13"/23 x 33 cm

450 g/1 lb/2 šálky práškového cukru (veľmi jemný)

4 miešané vajíčka

13 fl oz/1 ½ šálky rastlinného oleja

350 g/12 oz/3 šálky hladkej múky (univerzálne)

15 ml/1 polievková lyžica sódy bikarbóny

10 ml/2 čajové lyžičky sódy bikarbóny (jedlej sódy)

10 ml/2 polievkové lyžice. mletá škorica

2,5 ml/½ lyžičky. mletý zázvor

štipka soli

8 oz/225 g nakrájanej varenej cukety

100 g/4 oz/1 šálka vlašských orechov, nasekaných

Cukor a vajcia vyšľaháme, kým sa nezmiešajú, a potom vmiešame olej. Zmiešajte zvyšné ingrediencie. Vylejeme do vymastenej a múkou vysypanej formy 23 x 33 cm/9 x 13 a pečieme v predhriatej rúre na 180°C/350°F/termostat 4 1 hodinu, kým špáradlo zapichnuté do stredu nevyjde na domáce práce.

Ovocný tekvicový koláč

Urobí tortu 8"/20 cm

100 g/4 oz/½ šálky masla alebo margarínu, zmäkčeného

2/3 šálky/5 uncí/150 g mäkkého hnedého cukru

2 vajcia, zľahka rozšľahané

8 oz/225 g studená varená tekvica

30 ml/2 polievkové lyžice. lyžica zlatého sirupu (svetlá kukurica)

8 oz/225 g 1/1/3 šálky zmiešaného sušeného ovocia (zmes ovocných koláčov)

225 g/8 oz/2 šálky samokyprijúcej múky (samokypriacia)

50 g/2 oz/½ šálky otrúb

Maslo alebo margarín a cukor vyšľahajte do svetlej a nadýchanej hmoty. Postupne vmiešame vajíčka, potom vmiešame zvyšné suroviny. Nalejte do vymastenej a vymastenej tortovej formy s priemerom 20 cm a pečte pri predhriatej 160 °C/325 °F/termostat 3 1½ hodiny, kým špáradlo zasunuté do stredu nevyjde čisté.

tekvicové korenie rolka

Vytvára rolky 12"/30 cm

75 g/3 oz/¾ šálky hladkej múky (univerzálne)

5 ml/1 čajová lyžička sódy bikarbóny (jedlej sódy)

5 ml/1 lyžička. mletý zázvor

2,5 ml/½ čajovej lyžičky strúhaného kokosu

10 ml/2 polievkové lyžice. mletá škorica

štipka soli

1 vajce

225 g/8 oz/1 šálka práškového cukru (veľmi jemného)

100 g varenej cukety, nakrájanej

5 ml/1 čajová lyžička citrónovej šťavy

4 bielka

50 g nasekaných vlašských orechov

1/3 šálky/2 oz/50 g práškového cukru (na cukrovinky), preosiateho

Na náplň:

175 g/6 oz/1 šálka práškového cukru (na cukrovinky), preosiateho

100 g/4 oz/½ šálky smotanového syra

2,5 ml/½ čajovej lyžičky vanilkového extraktu

Zmiešajte múku, prášok do pečiva, korenie a soľ. Vajíčko rozšľaháme, kým nezhustne a nebude svetlé, potom vmiešame cukor, kým zmes nie je svetlá a krémová. Zmiešajte cuketu a citrónovú šťavu. Vmiešame múčnu zmes. V čistej miske vyšľaháme z bielkov tuhý sneh. Vmiešame do tortovej zmesi a rozotrieme do maslom vymastenej a vysypanej tortovej formy s rozmermi 30 x 12 cm/12 x 8 Swiss roll a posypeme lieskovými orieškami. Pečte v predhriatej rúre na 190 °C/375 °F/termostat 5 10 minút, kým nezmäkne. Preosejte práškový cukor na čistú utierku (torchon) a prevráťte koláč na utierku. Odstráňte papierovú vložku a zrolujte tortu a utierku, potom ju nechajte vychladnúť.

Na prípravu plnky pomaly miešajte cukor so smotanovým syrom a vanilkovým extraktom, kým nevznikne natierateľná zmes. Tortu otvoríme a na vrch natrieme plnku. Koláč znova zrolujte a posypte ešte práškovým cukrom a pred podávaním nechajte vychladnúť.

Rebarbora a medovník

Urobí dva koláče s hmotnosťou 1 lb/450 g

250 g/9 oz/¾ šálky čistého medu

100 ml/4 fl oz/½ šálky oleja

1 vajce

5 ml/1 čajová lyžička sódy bikarbóny (jedlej sódy)

60 ml/4 polievkové lyžice vody

350 g/12 oz/3 šálky celozrnnej múky (celozrnnej)

10 ml/2 čajové lyžičky soli

350 g rebarbory, nakrájanej nadrobno

5 ml/1 čajová lyžička vanilkového extraktu

2 oz/½ šálky/50 g nasekaných zmiešaných orechov (voliteľné)

Na ozdobu:

75 g/3 oz/1/3 šálky muscovado cukru

5 ml/1 lyžička. mletá škorica

15 g/½ oz/1 polievková lyžica. lyžice masla alebo margarínu, zmäkčené

Zmiešajte med a olej. Pridáme vajíčko a dobre vyšľaháme. Do vody pridáme sódu bikarbónu a necháme rozpustiť. Zmiešame múku a soľ. Pridajte ju do medovej zmesi striedavo so zmesou sódy bikarbóny. Vmiešajte rebarboru, vanilkový extrakt a orechy, ak používate. Nalejte do dvoch vymastených 450g/1lb bochníkových foriem. Polevu spojíme a natrieme na koláčovú zmes. Pečieme v predhriatej rúre pri teplote 180 °C/350 °F/termostat 4 1 hodinu, kým nezmäkne.

sladký zemiakový koláč

Urobí tortu 9"/23 cm

300 g/11 oz/2¾ šálky hladkej múky (univerzálne)

15 ml/1 polievková lyžica sódy bikarbóny

5 ml/1 lyžička. mletá škorica

5 ml/1 lyžička. strúhaný kokos

štipka soli

350 g/12 oz/1¾ šálky práškového cukru (veľmi jemného)

13 fl oz/1 ½ šálky rastlinného oleja

60 ml/4 polievkové lyžice prevarenej vody

4 vajcia, oddelené

8 oz/225 g sladkých zemiakov, ošúpaných a nahrubo nastrúhaných

100 g/4 oz/1 šálka nasekaných zmiešaných orechov

5 ml/1 čajová lyžička vanilkového extraktu

                Na polevu (polevu):

8 oz/11/3 šálky/225 g práškového cukru, preosiateho

2 oz/¼ šálky/50 g masla alebo margarínu, zmäkčené

250g/9oz/1 stredný smotanový syr

50 g/2 oz/½ šálky nasekaných zmiešaných orechov

Štipka škorice na posypanie

Zmiešajte múku, prášok do pečiva, škoricu, muškátový oriešok a soľ. Zmiešajte cukor a olej, potom pridajte vriacu vodu a šľahajte, kým sa dobre nezmieša. Pridajte zmes vaječných žĺtkov a múky a miešajte, kým sa nespojí. Vmiešajte sladké zemiaky, vlašské orechy a vanilkový extrakt. Z bielkov vyšľaháme tuhý sneh a potom ich pridáme do zmesi. Rozdeľte do dvoch vymastených a múkou vysypaných tortových foriem (9 cm/23 cm) a pečte v predhriatej rúre 350 °F/180 °C/termostat 4 40 minút, kým nezmäkne. Nechajte vychladnúť vo formách 5 minút, potom vyberte z formy na mriežke, aby ste dokončili chladenie.

Zmiešajte práškový cukor, maslo alebo margarín a polovicu smotanového syra. Polovicu zvyšného smotanového syra natrieme na koláč a potom naň natrieme smotanu. Sendvičujte koláče dohromady. Pred podávaním potrieme zvyšným tvarohovým krémom a posypeme orechmi a škoricou.

Taliansky mandľový koláč

Urobí tortu 8"/20 cm

1 vajce

150 ml/¼ pt/2/3 šálky mlieka

2,5 ml/½ lyžičky. mandľový extrakt (extrakt)

45 ml/3 polievkové lyžice. lyžica rozpusteného masla

350 g/12 oz/3 šálky hladkej múky (univerzálne)

100 g/4 oz/½ šálky práškového cukru (veľmi jemného)

10 ml/2 čajové lyžičky sódy bikarbóny

2,5 ml/½ čajovej lyžičky soli

1 vaječný bielok

100 g/4 oz/1 šálka mandlí, nasekaných

V miske rozšľaháme vajíčko, postupne za stáleho šľahania pridávame mlieko, mandľový extrakt a rozpustené maslo. Pridajte múku, cukor, prášok do pečiva a soľ a pokračujte v miešaní do hladka. Vylejeme do maslom vymastenej a vysypanej tortovej formy s priemerom 8 palcov/20 cm. Z bielkov vyšľaháme penu, potom koláč bohato potrieme a posypeme mandľami. Pečieme v predhriatej rúre na 220°C/425°F/termostat 7 25 minút, kým nie sú zlaté a mäkké na dotyk.

Torte s mandľovou kávou

Urobí tortu 9"/23 cm

8 vajec, oddelených

175 g/6 oz/¾ šálky práškového cukru (veľmi jemného)

60 ml/4 polievkové lyžice silnej čiernej kávy

175 g/6 oz/1½ šálky mletých mandlí

45 ml/3 lyžice krupice (pšeničná smotana)

100 g/4 oz/1 šálka hladkej múky (univerzálne)

Vaječné žĺtky a cukor vyšľaháme, kým nebudú veľmi husté a krémové. Pridáme kávu, mleté mandle a krupicu a dobre vyšľaháme. Primiešame múku. Z bielkov vyšľaháme tuhý sneh a potom ich pridáme do zmesi. Nalejte do 9 cm/23 cm vymastenej tortovej formy a pečte v 4 rúrach predhriatych na 180 °C/350 °F/termostat 4 45 minút, kým sa neprilepia na ruky.

Mandľový a medový koláč

Urobí tortu 8"/20 cm

8 oz/225 g mrkvy, strúhanej

75 g/3 oz/¾ šálky mandlí, nasekaných

2 miešané vajíčka

100 ml/4 fl oz/½ šálky čistého medu

60 ml/4 polievkové lyžice oleja

150 ml/¼ pt/2/3 šálky mlieka

150 g/5 oz/1 ¼ šálky celozrnnej múky (celozrnnej)

10 ml/2 čajové lyžičky soli

10 ml/2 čajové lyžičky sódy bikarbóny (jedlej sódy)

15 ml/1 čajová lyžička mletej škorice

Zmiešajte mrkvu a vlašské orechy. Vajcia vyšľaháme s medom, olejom a mliekom a potom vmiešame do mrkvovej zmesi. Zmiešajte múku, soľ, prášok do pečiva a škoricu a vmiešajte do mrkvovej zmesi. Zmes nalejte do vymastenej a vystlanej štvorcovej formy na pečenie s rozmermi 8"/20 cm a pečte v 2 predhriatych 300°F/150°C/termostat 2 rúrach 1¾ hodiny, kým špáradlo zasunuté do stredu nevyjde čisté. Pred vybratím z formy nechajte 10 minút vychladnúť na panvici.

mandľový a citrónový koláč

Urobí tortu 9"/23 cm

1 oz/¼ šálky strúhaných mandlí (nasekaných)

100 g/4 oz/½ šálky masla alebo margarínu, zmäkčeného

100 g/4 oz/½ šálky mäkkého hnedého cukru

2 miešané vajíčka

100 g/4 oz/1 šálka samokyprijúcej (samokypriaci) múky

Nastrúhaná kôra z 1 citróna

Na sirup:
75 g/3 oz/1/3 šálky práškového cukru (veľmi jemného)

45-60ml/3-4 polievkové lyžice citrónovej šťavy

Tortovú formu 9/23 cm vymastíme maslom, prikryjeme a posypeme mandľami. Vyšľaháme maslo a hnedý cukor. Po jednom zašľaháme vajíčka, potom pridáme múku a citrónovú kôru. Vylejeme na pripravenú panvicu a uhladíme povrch. Pečte v 4 predhriatych rúrach pri teplote 180 °C/350 °F/termostat 20 – 25 minút, kým nie sú dobre nafúknuté a mäkké.

Medzitým si v hrnci zohrejte práškový cukor a citrónovú šťavu za občasného miešania, kým sa cukor nerozpustí. Vyberte koláč z rúry a nechajte ho 2 minúty vychladnúť, potom ho vyberte z formy na mriežke, zdola nahor. Zalejeme sirupom, potom necháme úplne vychladnúť.

Pomarančový mandľový koláč

Urobí tortu 8"/20 cm

8 oz/1 šálka masla alebo margarínu, zmäkčeného

225 g/8 oz/1 šálka práškového cukru (veľmi jemného)

4 vajcia, oddelené

225 g/8 oz/2 šálky hladkej múky (univerzálne)

10 ml/2 čajové lyžičky sódy bikarbóny

50 g/2 oz/½ šálky mletých mandlí

5 ml/1 lyžička. strúhaná pomarančová kôra

Maslo alebo margarín a cukor vyšľahajte do svetlej a nadýchanej hmoty. Vyšľaháme vaječné žĺtky, pridáme múku, prášok do pečiva, mleté mandle a pomarančovú kôru. Z bielkov vyšľaháme tuhý sneh, ktorý potom kovovou lyžicou zašľaháme do zmesi. Nalejte do maslom vymastenej a vystlanej tortovej formy s priemerom 8 palcov/20 cm a pečte v predhriatej rúre na 180 °C/350 °F/termostat 4 1 hodinu, kým špáradlo zasunuté do stredu nevyjde čisté.

Bohatá mandľová torta

Urobí tortu 7"/18 cm

100 g/4 oz/½ šálky masla alebo margarínu, zmäkčeného

2/3 šálky/5 uncí/150 g práškového cukru (veľmi jemný)

3 vajcia, zľahka rozšľahané

75 g/3 oz/¾ šálky mletých mandlí

50 g/2 oz/½ šálky hladkej múky (univerzálne)

Pár kvapiek mandľového extraktu (esencia)

Maslo alebo margarín a cukor vyšľahajte do svetlej a nadýchanej hmoty. Postupne pridávame vajcia, potom mleté mandle, múku a mandľový extrakt. Nalejte do maslom vymastenej a vystlanej tortovej formy s priemerom 7 cm/18 cm a pečte v 4 predhriatych rúrach pri teplote 180 °C/350 °F/termostat 45 minút, kým nebudú lepkavé.

Švédsky makarónový koláč

Urobí tortu 9"/23 cm

100 g/4 oz/1 šálka mletých mandlí

75g/3oz/1/3 šálky kryštálového cukru

5 ml/1 čajová lyžička sódy bikarbóny

2 veľké vyšľahané bielka

Zmiešame mandle, cukor a prášok do pečiva. Z bielkov miešame, kým zmes nie je hustá a hladká. Nalejte do vymastenej a vystlanej sendvičovej formy s priemerom 9/23 cm a pečte na 3 predhriatych 325 °F/160 °C/termostatoch 20-25 minút, kým nie sú nafúknuté a zlatisté. Formu otvárajte veľmi jemne, pretože koláč je krehký.

Kokosový chlieb

Vyrobí bochník s hmotnosťou 450 g/1 lb

100 g/4 oz/1 šálka samokyprijúcej (samokypriaci) múky

225 g/8 oz/1 šálka práškového cukru (veľmi jemného)

100 g/4 oz/1 šálka sušeného kokosu (strúhaného)

1 vajce

120 ml/4 fl oz/½ šálky mlieka

štipka soli

Všetky ingrediencie dobre premiešame a nalejeme do vymastenej a vysypanej 450 g/1 lb bochníkovej formy. Pečieme v 4 predhriatych rúrach na 180°C/350°F/termostat do zlatista a mäkká na dotyk, asi 1 hodinu.

kokosový koláč

Urobí tortu 9"/23 cm

75 g/3 oz/1/3 šálky masla alebo margarínu

150 ml/¼ pt/2/3 šálky mlieka

2 vajcia, zľahka rozšľahané

225 g/8 oz/1 šálka práškového cukru (veľmi jemného)

150 g/5 oz/1 ¼ šálky samokyprijúcej múky (samokypriacia)

štipka soli

Na ozdobu:

100 g/4 oz/½ šálky masla alebo margarínu

75 g/3 oz/¾ šálky sušeného kokosu (strúhaného)

60 ml/4 čajové lyžičky čistého medu

45 ml/3 polievkové lyžice mlieka

50 g/2 oz/¼ šálky mäkkého hnedého cukru

Maslo alebo margarín rozpustíme v mlieku a necháme mierne vychladnúť. Vajcia a práškový cukor vyšľaháme do svetlej a nadýchanej hmoty, potom vmiešame zmes masla a mlieka. Pridajte múku a soľ, aby ste získali pomerne jemnú zmes. Nalejte do vymastenej a vystlanej tortovej formy s priemerom 9 cm/23 cm a pečte v 4 rúrach predhriatych na 180 °C/termostat 4 40 minút, kým nebudú zlatisté a mäkké na dotyk.

Medzitým v hrnci priveďte suroviny do varu. Horúci koláč vyberte z formy a nalejte vrchnú zmes. Umiestnite pod horúci brojler na niekoľko minút, kým plnka nezačne hnednúť.

Zlatá kokosová torta

Urobí tortu 8"/20 cm

100 g/4 oz/½ šálky masla alebo margarínu, zmäkčeného

200 g / 7 oz / menej 1 šálka práškového cukru (veľmi jemný)

200 g/7 oz/1¾ šálky hladkej múky (univerzálne)

10 ml/2 čajové lyžičky sódy bikarbóny

štipka soli

6 fl oz/¾ šálky mlieka

3 vaječné bielka

Pre náplň a vyššie:

1¼ šálky/5 uncí/150 g sušeného kokosu (strúhaného)

200 g / 7 oz / menej 1 šálka práškového cukru (veľmi jemný)

120 ml/4 fl oz/½ šálky mlieka

120 ml/4 fl oz/½ šálky vody

3 žĺtky

Maslo alebo margarín a cukor vyšľahajte do svetlej a nadýchanej hmoty. K zmesi pridajte múku, prášok do pečiva a soľ striedavo s mliekom a vodou, kým nevznikne hladké cesto. Z bielkov vyšľaháme tuhý sneh a potom ho vmiešame do cesta. Zmes rozdeľte do dvoch vymastených tortových foriem 8"/20 cm a pečte v 4 predhriatych 350°F/180°C/termostat 4 rúrach 25 minút, kým sa neprilepia na ruky. necháme vychladnúť.

V menšom hrnci zmiešame kokos, cukor, mlieko a žĺtky. Za stáleho miešania zohrievame na miernom ohni niekoľko minút, kým vajcia nie sú pevné. necháme vychladnúť. Muffiny obložte polovicou kokosovej zmesi a zvyšok nalejte na vrch.

kokosom potiahnutý koláč

Urobí tortu s rozmermi 3,5 x 7 "/9 x 18 cm

100 g/4 oz/½ šálky masla alebo margarínu, zmäkčeného

175 g/6 oz/¾ šálky práškového cukru (veľmi jemného)

3 vajcia

175 g/6 oz/1½ šálky hladkej múky (univerzálne)

5 ml/1 čajová lyžička sódy bikarbóny

175 g/6 oz/1 šálka hrozienok (zlaté hrozienka)

120 ml/4 fl oz/½ šálky mlieka

6 obyčajných sušienok (cookies), rozdrvených

100 g/4 oz/½ šálky mäkkého hnedého cukru

100 g/4 oz/1 šálka sušeného kokosu (strúhaného)

Maslo alebo margarín a práškový cukor vyšľahajte do svetlej a nadýchanej hmoty. Postupne primiešame dve vajcia, potom striedavo s mliekom primiešame múku, prášok do pečiva a hrozienka. Polovicu zmesi nalejeme do vymastenej a vysypanej 450g/1lb formy na muffiny. Zvyšné vajce zmiešame s strúhankou, hnedým cukrom a kokosom a prisypeme na panvicu. Nalejte zvyšnú zmes a pečte v predhriatych rúrach na 180 °C/350 °F/termostat 4 1 hodinu. Nechajte vychladnúť na panvici 30 minút, potom vyberte z formy na mriežke, aby ste dokončili chladenie.

Koláč s kokosom a citrónom

Urobí tortu 8"/20 cm

100 g/4 oz/½ šálky masla alebo margarínu, zmäkčeného

75 g/3 oz/1/3 šálky mäkkého hnedého cukru

Nastrúhaná kôra z 1 citróna

1 miešané vajce

Pár kvapiek mandľového extraktu (esencia)

350 g/12 oz/3 šálky samokyprijúcej múky (samokypriacia)

60 ml/4 čajové lyžičky lyžice malinového džemu (necháme)

                    Na ozdobu:

1 miešané vajce

75 g/3 oz/1/3 šálky mäkkého hnedého cukru

225 g/8 oz/2 šálky sušeného kokosu (strúhaného)

Vyšľahajte maslo alebo margarín, cukor a citrónovú kôru, až kým nebude svetlá a nadýchaná. Postupne pridávame vajce a mandľový extrakt, potom pridáme múku. Zmes vylejeme do maslom vymastenej a vymastenej tortovej formy s priemerom 20 cm. Zmes polejeme džemom. Suroviny na plnku spolu vyšľaháme a natrieme na zmes. Pečte v predhriatej rúre na 180 °C/350 °F/termostat 4 30 minút, kým nezmäkne. Osviežime ju v miske.

Vianočná kokosová torta

Urobí tortu 7"/18 cm

100 g/4 oz/½ šálky masla alebo margarínu, zmäkčeného

100 g/4 oz/½ šálky práškového cukru (veľmi jemného)

2 vajcia, zľahka rozšľahané

75 g/3 oz/¾ šálky hladkej múky (univerzálne)

45 ml/3 polievkové lyžice. lyžice sušeného kokosu (strúhaného)

30 ml/2 polievkové lyžice rumu

Pár kvapiek mandľového extraktu (esencia)

Niekoľko kvapiek citrónového extraktu (esencia)

Vyšľaháme maslo s cukrom do svetlej a nadýchanej hmoty. Postupne vmiešame vajíčka, potom múku a kokos. Pridajte rum a esencie. Vylejeme do maslom vymastenej a vystlanej tortovej formy 18 cm/7 a vrch uhladíme. Pečte v predhriatej rúre na 190 °C/375 °F/termostat 5 45 minút, kým špáradlo zasunuté do stredu nevyjde čisté. Osviežime ju v miske.

Kokosová sultánska torta

Urobí tortu 9"/23 cm

100 g/4 oz/½ šálky masla alebo margarínu, zmäkčeného

175 g/6 oz/¾ šálky práškového cukru (veľmi jemného)

2 vajcia, zľahka rozšľahané

175 g/6 oz/1½ šálky hladkej múky (univerzálne)

5 ml/1 čajová lyžička sódy bikarbóny

štipka soli

175 g/6 oz/1 šálka hrozienok (zlaté hrozienka)

120 ml/4 fl oz/½ šálky mlieka

Na náplň:

1 vajce, zľahka rozšľahané

50 g/2 oz/½ šálky obyčajných sušienok

100 g/4 oz/½ šálky mäkkého hnedého cukru

100 g/4 oz/1 šálka sušeného kokosu (strúhaného)

Maslo alebo margarín a práškový cukor vyšľahajte do svetlej a nadýchanej hmoty. Postupne pridávame vajíčka. Múku, prášok do pečiva, soľ a hrozienka zmiešajte s dostatočným množstvom mlieka, aby ste získali hladkú konzistenciu. Polovicu zmesi vylejeme do vymastenej tortovej formy 9/23 cm. Spojte polevy a nalejte na zmes, potom pridajte zvyšnú koláčovú zmes. Pečieme v predhriatej rúre na 180°C/350°F/termostat 4 1 hodinu, kým sa neprilepí na ruku a okraje formy sa nezačnú zmenšovať. Pred vybratím z formy nechajte vychladnúť na panvici.

Chrumkavý orieškový koláč

Urobí tortu 9"/23 cm

8 oz/1 šálka masla alebo margarínu, zmäkčeného

225 g/8 oz/1 šálka práškového cukru (veľmi jemného)

2 vajcia, zľahka rozšľahané

225 g/8 oz/2 šálky hladkej múky (univerzálne)

2,5 ml/½ čajovej lyžičky sódy bikarbóny (jedlej sódy)

2,5 ml/½ čajovej lyžičky vínneho kameňa

200 ml/7 fl oz/malá 1 šálka mlieka

Na ozdobu:

100 g/4 oz/1 šálka nasekaných zmiešaných orechov

100 g/4 oz/½ šálky mäkkého hnedého cukru

5 ml/1 lyžička. mletá škorica

Maslo alebo margarín a práškový cukor vyšľahajte do svetlej a nadýchanej hmoty. Postupne zašľaháme vajíčka, potom striedavo s mliekom primiešame múku, prášok do pečiva a tatársku smotanu. Vylejeme do vymastenej a múkou vysypanej tortovej formy 9/23 cm. Zmiešajte vlašské orechy, hnedý cukor a škoricu a posypte koláč. Pečte v predhriatej rúre na 180 °C/350 °F/termostat 4 40 minút, kým nie sú zlatohnedé a nezvlnené okolo okrajov panvice. Nechajte vychladnúť na panvici 10 minút, potom vyberte z formy na mriežke, aby ste dokončili chladenie.

miešaný lieskový koláč

Urobí tortu 9"/23 cm

100 g/4 oz/½ šálky masla alebo margarínu, zmäkčeného

225 g/8 oz/1 šálka práškového cukru (veľmi jemného)

1 miešané vajce

225 g/8 oz/2 šálky samokyprijúcej múky (samokypriacia)

10 ml/2 čajové lyžičky sódy bikarbóny

štipka soli

250 ml/8 fl oz/1 šálka mlieka

5 ml/1 čajová lyžička vanilkového extraktu

2,5 ml/½ čajovej lyžičky citrónového extraktu

100 g/4 oz/1 šálka nasekaných zmiešaných orechov

Maslo alebo margarín a cukor vyšľahajte do svetlej a nadýchanej hmoty. Postupne pridávame vajíčko. Múku, droždie a soľ zmiešame a do zmesi pridávame striedavo mlieko a esencie. Primiešame orechy. Rozdeľte do dvoch vymastených a vystlaných tortových foriem s priemerom 9/23 cm a pečte v predhriatej rúre na 180 °F/350 °F/termostat 4 40 minút, kým špáradlo zasunuté do stredu nevyjde čisté.

Grécky orechový koláč

Urobí tortu 10"/25 cm

100 g/4 oz/½ šálky masla alebo margarínu, zmäkčeného

225 g/8 oz/1 šálka práškového cukru (veľmi jemného)

3 vajcia, zľahka rozšľahané

2¼ šálky/9 uncí/250 g hladkej múky (univerzálne)

225 g/8 oz/2 šálky vlašských orechov, mletých

10 ml/2 čajové lyžičky sódy bikarbóny

5 ml/1 lyžička. mletá škorica

1,5 ml/¼ čajovej lyžičky mletých klinčekov

štipka soli

75 ml/5 polievkových lyžíc mlieka

Na medový sirup:
175 g/6 oz/¾ šálky práškového cukru (veľmi jemného)

75 g/3 oz/¼ šálky čistého medu

15 ml / 1 polievková lyžica citrónovej šťavy

250 ml/8 fl oz/1 šálka vriacej vody

Maslo alebo margarín a cukor vyšľahajte do svetlej a nadýchanej hmoty. Pomaly vmiešajte vajcia, potom vmiešajte múku, orechy, prášok do pečiva, korenie a soľ. Pridajte mlieko a miešajte do hladka. Nalejte do maslom vymastenej a múkou vysypanej tortovej formy s priemerom 10 cm/25 cm a pečte v 4 predhriatych rúrach pri teplote 180 °C/350 °F/termostat 40 minút, kým nebudú lepkavé. Nechajte 10 minút vychladnúť na panvici a potom presuňte na mriežku.

Na prípravu sirupu kombinujte cukor, med, citrónovú šťavu a vodu a zahrievajte, kým sa neroztopí. Horúci koláč prepichneme vidličkou a polejeme medovým sirupom.

Orechový zmrzlinový koláč

Urobí tortu 7"/18 cm

100 g/4 oz/½ šálky masla alebo margarínu, zmäkčeného

100 g/4 oz/½ šálky práškového cukru (veľmi jemného)

2 vajcia, zľahka rozšľahané

100 g/4 oz/1 šálka samokyprijúcej (samokypriaci) múky

100 g/4 oz/1 šálka vlašských orechov, nasekaných

štipka soli

Na polevu (polevu):

450 g/1 lb/2 šálky kryštálového cukru

150 ml/¼ pt/2/3 šálky vody

2 bielka

Pár vlašských orechov na ozdobu

Maslo alebo margarín a práškový cukor vyšľahajte do svetlej a nadýchanej hmoty. Postupne primiešame vajíčka, potom vmiešame múku, orechy a soľ. Zmes rozdeľte do dvoch vymastených a vystlaných tortových foriem s priemerom 18 cm/7 cm a pečte v predhriatej rúre 350 °F/180 °C/termostat 4 25 minút, kým nebude dobre nafúknutá a mäkká na dotyk. necháme vychladnúť.

Vo vode na miernom ohni rozpustíme kryštálový cukor, za stáleho miešania privedieme do varu a bez miešania ďalej varíme, kým kvapku zmesi nevhodíme do studenej vody, kým nevytvorí mäkkú guľu. Medzitým si v čistej miske vyšľaháme z bielkov tuhý sneh. Nalejte sirup na bielka a šľahajte, kým zmes nie je dostatočne hustá na to, aby pokryla zadnú stranu lyžice. Koláčiky obložíme vrstvou krému, zvyškom potrieme vrch a boky torty a ozdobíme kúskami vlašských orechov.

Orechový koláč s čokoládovým krémom

Urobí tortu 7"/18 cm

3 vajcia

75 g/3 oz/1/3 šálky mäkkého hnedého cukru

50 g/2 oz/½ šálky celozrnnej múky (celozrnnej)

25g/1oz/¼ šálky kakaového prášku (nesladená čokoláda).

Na polevu (polevu):
150 g/5 oz/1 ¼ šálky hladkej čokolády (polosladkej)

225 g/8 oz/1 šálka nízkotučného smotanového syra

45 ml/3 polievkové lyžice. práškový cukor (cukrovinky) preosiaty

75 g nasekaných vlašských orechov

15 ml/1 čajová lyžička lyžičky koňaku (voliteľné)

Postrúhaná čokoláda na ozdobenie

Vajcia a hnedý cukor vyšľaháme do svetlej a tmavej farby. Primiešame múku a kakao. Rozdeľte zmes do dvoch vymastených a vystlaných formičiek na sendviče s priemerom 7 cm/18 cm a pečte v 5 rúrach predhriatych na 190 °C s termostatom 5 15-20 minút, kým nie sú dobre nafúknuté a mäkké. Vyberte z foriem a nechajte vychladnúť.

Čokoládu rozpustite v žiaruvzdornej miske umiestnenej nad hrncom s vriacou vodou. Odstráňte z tepla a vmiešajte smotanový syr a práškový cukor, potom premiešajte, ak používate orechy a koňak. Koláčiky obložíme väčšinou plnky a zvyšok natrieme na vrch. Ozdobte strúhanou čokoládou.

Oriešková koláč s medom a škoricou

Urobí tortu 9"/23 cm

225 g/8 oz/2 šálky hladkej múky (univerzálne)

10 ml/2 čajové lyžičky sódy bikarbóny

5 ml/1 čajová lyžička sódy bikarbóny (jedlej sódy)

5 ml/1 lyžička. mletá škorica

štipka soli

100g/4oz/1 šálka bieleho jogurtu

75 ml/5 polievkových lyžíc oleja

100 g/4 oz/1/3 šálky čistého medu

1 vajce, zľahka rozšľahané

5 ml/1 čajová lyžička vanilkového extraktu

Na náplň:
2 oz/½ šálky/50 g nasekaných vlašských orechov

225 g/8 oz/1 šálka mäkkého hnedého cukru

10 ml/2 polievkové lyžice. mletá škorica

30 ml/2 polievkové lyžice oleja

Suché ingrediencie na koláč zmiešame a v strede vytvoríme kaluž. Zmiešajte zvyšné prísady na koláč a zmiešajte so suchými prísadami. Zmiešajte ingrediencie na plnku. Polovicu tortovej zmesi vylejeme do maslom vymastenej a múkou vysypanej tortovej formy 9 cm/23 cm a posypeme polovicou plnky. Pridajte zvyšok koláčovej zmesi a potom zvyšok plnky. Pečieme v 4 predhriatych rúrach na 180°C/350°F/termostat 30 minút, kým dobre nevykysnú a nezačnú sa zmenšovať od stien formy.

Mandľové a medové tyčinky

dať 10

15 g/½ oz čerstvého droždia alebo 20 ml/4 polievkové lyžice. suché droždie

45 ml/3 polievkové lyžice. lyžice práškového cukru (veľmi jemného)

120 ml/4 fl oz/½ šálky horúceho mlieka

300 g/11 oz/2¾ šálky hladkej múky (univerzálne)

štipka soli

1 vajce, zľahka rozšľahané

2 oz/¼ šálky/50 g masla alebo margarínu, zmäkčené

½ pt/1 ¼ šálky/300 ml smotany (hustá)

30 ml/2 lyžice práškového cukru, preosiateho

45 ml/3 polievkové lyžice čistého medu

2¾ šálky/11 oz/300 g strúhaných mandlí (nasekaných)

Primiešame droždie, 5 ml/1 polievková lyžica. Necháme 20 minút postáť do peny na teplom mieste s práškovým cukrom a trochou mlieka. Zvyšný cukor zmiešame s múkou a soľou a v strede urobíme kaluž. Postupne pridajte vajce, maslo alebo margarín, kváskovú zmes a zvyšné teplé mlieko a miešajte, kým nevznikne vláčne cesto. Na jemne pomúčenej doske miesime do hladka a pružnosti. Vložíme do vymastenej misy, prikryjeme naolejovanou potravinovou fóliou (igelitovou fóliou) a necháme na teplom mieste 45 minút, kým sa nezdvojnásobí.

Cesto opäť premiesime, rozvaľkáme a vložíme do maslom vymastenej tortovej formy 30x20 cm/12x8, všetko popicháme vidličkou, prikryjeme a necháme 10 minút odpočívať na teplom mieste.

Vložte ½ šálky/4 fl oz/120 ml smotany, práškový cukor a med do malého hrnca a priveďte do varu. Odstavíme z ohňa a vmiešame mandle. Rozotrite na cesto, potom pečte pri predhriatej

200°C/400°F/termostat 6 20 minút, kým nie sú zlaté a pružné na dotyk, prikryte pergamenovým papierom (voskovaným), ak je vrch pred varením príliš hnedý. Vyberte z formy a nechajte vychladnúť.

Koláč rozrežte vodorovne na polovicu. Zvyšnú smotanu vyšľaháme dotuha a natrieme ňou spodnú polovicu torty. Navrch položíme polovicu mandľového koláča a nakrájame na tyčinky.

Chrumkavé tyčinky z jablk a ríbezlí

dať 12

175 g/6 oz/1½ šálky hladkej múky (univerzálne)

5 ml/1 čajová lyžička sódy bikarbóny

štipka soli

175 g/6 oz/¾ šálky masla alebo margarínu

225 g/8 oz/1 šálka mäkkého hnedého cukru

100g/4oz/1 šálka ovsených vločiek

450g/1lb pečených (koláčových) jablk, ošúpaných, zbavených jadierok a nakrájaných na plátky

30 ml/2 polievkové lyžice kukuričného škrobu (kukuričný škrob)

10 ml/2 polievkové lyžice. mletá škorica

2,5 ml/½ čajovej lyžičky strúhaného kokosu

2,5 ml/½ lyžičky. mleté nové korenie

225 g čiernych ríbezlí

Zmiešajte múku, prášok do pečiva a soľ, potom vmiešajte maslo alebo margarín. Zmiešajte cukor a ovsené vločky. Polovicu nalejeme na dno vymastenej a vysypanej štvorcovej formy 25 cm/9. Zmiešame jablko, kukuričný škrob a korenie a natrieme na vrch. Ozdobíme čiernymi ríbezľami. Nalejte zvyšnú zmes a uhlaďte vrch. Pečte v predhriatej rúre na 180 °C/350 °F/termostat 4 30 minút, kým nebude elastická. Nechajte vychladnúť a potom nakrájajte na tyčinky.

Tyčinky z marhúľ a ovsených vločiek

dať 24

75 g/3 oz/½ šálky sušených marhúľ

25 g/1oz/3 lyžice. lyžice hrozienok (zlaté hrozienka)

250 ml/8 fl oz/1 šálka vody

5 ml/1 čajová lyžička citrónovej šťavy

2/3 šálky/5 uncí/150 g mäkkého hnedého cukru

50 g/2 oz/½ šálky sušeného kokosu (strúhaného)

50 g/2 oz/½ šálky hladkej múky (univerzálne)

2,5 ml/½ čajovej lyžičky sódy bikarbóny (jedlej sódy)

100g/4oz/1 šálka ovsených vločiek

50 g/2 oz/¼ šálky rozpusteného masla

Vložte marhule, hrozienka, vodu, citrónovú šťavu a 30 ml/2 polievkové lyžice. Vložte hnedý cukor do malého hrnca a miešajte na miernom ohni, kým nezhustne. Pridáme kokos a necháme vychladnúť. Zmiešajte múku, prášok do pečiva, ovsené vločky a zvyšný cukor a potom vmiešajte rozpustené maslo. Polovicu ovsenej zmesi natlačíme na dno vymasteného štvorcového plechu s rozmermi 8 cm/20 cm a rozotrieme naň marhuľovú zmes. Prikryjeme zvyšnou ovsenou zmesou a zľahka pritlačíme. Pečte v predhriatej rúre na 180°C/350°F/termostat 4 30 minút do zlatista. Nechajte vychladnúť a potom nakrájajte na tyčinky.

Marhuľové koláčiky

dáva 16

2/3 šálky/100 g sušených marhúľ na priamu spotrebu

120 ml/4 fl oz/½ šálky pomarančového džúsu

100 g/4 oz/½ šálky masla alebo margarínu

75 g/3 oz/¾ šálky celozrnnej múky (celozrnnej)

75 g/3 oz/¾ šálky ovsených vločiek

75 g/3 oz/1/3 šálky cukru demerara

Marhule namočte do pomarančovej šťavy aspoň na 30 minút, kým nezmäknú, potom sceďte a nakrájajte. Maslo alebo margarín votrite do múky, kým zmes nebude pripomínať strúhanku. Zmiešajte ovsené vločky a cukor. Polovicu zmesi roztlačíme do maslom vymastenej švajčiarskej rolády 30 x 20 cm/12 x 8 (roštol) a posypeme marhuľami. Na vrch natrieme zvyšnú zmes a zľahka pritlačíme. Pečieme v predhriatych rúrach na 180°C/350°F/termostat 4 25 minút dozlatista. Pred vybratím z formy a nakrájaním na tyčinky nechajte vychladnúť na panvici.

Banánové oriešková tyčinky

robí asi 14

2 oz/¼ šálky/50 g masla alebo margarínu, zmäkčené

75 g/3 oz/1/3 šálky hnedého cukru (veľmi jemného) alebo mäkkého hnedého cukru

2 veľké banány, nakrájané

175 g/6 oz/1½ šálky hladkej múky (univerzálne)

7,5 ml/1 ½ lyžičky. prášok do pečiva

2 miešané vajíčka

2 oz/½ šálky/50 g vlašských orechov, nahrubo nasekaných

Maslo alebo margarín a cukor spolu vyšľahajte. Banány roztlačíme a vmiešame do zmesi. Zmiešame múku a prášok do pečiva. Do banánovej zmesi pridáme múku, vajce a orechy a dobre vyšľaháme. Nalejte do maslom vymastenej a vystlanej tortovej formy s rozmermi 18 x 28 cm/7 x 11, hladký povrch a pečte v predhriatej rúre na 160 °C/325 °F/termostat 3 30 až 35 minút, kým nezmäknú. na dotyk. Nechajte niekoľko minút vychladnúť na panvici, potom ju otočte na mriežku, aby ste dokončili chladenie. Nakrájajte na približne 14 tyčiniek.

americké muffiny

robí asi 15

2 veľké vajcia

225 g/8 oz/1 šálka práškového cukru (veľmi jemného)

2 oz/¼ šálky/50 g masla alebo margarínu, roztopené

2,5 ml/½ čajovej lyžičky vanilkového extraktu

75 g/3 oz/¾ šálky hladkej múky (univerzálne)

45 ml/3 lyžice kakaového prášku (nesladená čokoláda)

2,5 ml/½ čajovej lyžičky sódy bikarbóny

štipka soli

2 oz/½ šálky/50 g vlašských orechov, nahrubo nasekaných

Vajcia a cukor vyšľaháme do hustej a krémovej konzistencie. Pridajte maslo a vanilkový extrakt. Múku, kakao, prášok do pečiva a soľ preosejeme a vmiešame do zmesi spolu s orechmi. Vylejeme do dobre vymastenej 20 cm štvorcovej formy. Pečte v predhriatej rúre na 180°C/350°F/termostat 4 40-45 minút, kým nezmäkne. Nechajte 10 minút postáť na panvici, potom nakrájajte na štvorce a ešte horúce preložte na mriežku.

Čokoládové huby bravnis

robí asi 16

225 g/8 oz/1 šálka masla alebo margarínu

175 g/6 oz/¾ šálky kryštálového cukru

350 g/12 oz/3 šálky samokyprijúcej múky (samokypriacia)

30 ml/2 polievkové lyžice kakaového (nesladeného čokoládového) prášku

Na polevu (polevu):
175 g/6 oz/1 šálka práškového cukru (na cukrovinky), preosiateho

30 ml/2 polievkové lyžice kakaového (nesladeného čokoládového) prášku

vriaca voda

Rozpustite maslo alebo margarín a potom pridajte práškový cukor. Primiešame múku a kakao. Tlačte na linajkový zásobník s rozmermi 18 x 28 cm/7 x 11. Pečieme v 4 predhriatych rúrach na 180 °C/350 °F/termostat 4 do mäkka, asi 20 minút.

Na prípravu krému si do misky preosejeme práškový cukor a kakao a pridáme doň kvapku vriacej vody. Miešajte, kým sa dobre nepremieša, v prípade potreby pridajte kvapku alebo viac vody. Muffiny zmrazte ešte teplé (ale nie horúce), potom ich pred krájaním na štvorce nechajte vychladnúť.

orechové a čokoládové sušienky

dať 12

50 g/2 oz/½ šálky hladkej čokolády (polosladkej)

75 g/3 oz/1/3 šálky masla alebo margarínu

225 g/8 oz/1 šálka práškového cukru (veľmi jemného)

75 g/3 oz/¾ šálky hladkej múky (univerzálne)

75 g nasekaných vlašských orechov

50 g/2 oz/½ šálky čokoládových lupienkov

2 miešané vajíčka

2,5 ml/½ čajovej lyžičky vanilkového extraktu

V žiaruvzdornej miske nad hrncom s vriacou vodou rozpustite čokoládu a maslo alebo margarín. Odstráňte z tepla a premiešajte zvyšné ingrediencie. Nalejte do maslom vymastenej a vystlanej tortovej formy s priemerom 8 palcov/20 cm a pečte v predhriatej rúre na 180 °C/350 °F/termostat 4 30 minút, kým špáradlo zasunuté do stredu nevyjde čisté. Nechajte vychladnúť na panvici a potom nakrájajte na štvorce.

Maslové tyčinky

dáva 16

100 g/4 oz/½ šálky masla alebo margarínu, zmäkčeného

100 g/4 oz/½ šálky práškového cukru (veľmi jemného)

1 vajce, oddelené

100 g/4 oz/1 šálka hladkej múky (univerzálne)

25 g/1 oz/¼ šálky nasekaných zmiešaných orechov

Maslo alebo margarín a cukor vyšľahajte do svetlej a nadýchanej hmoty. Primiešame žĺtky, potom primiešame múku a vlašské orechy, aby vznikla pomerne tuhá zmes. Ak je príliš tuhé, pridajte trochu mlieka; Ak je tekutá, pridajte ešte trochu múky. Cesto vylejeme do vymastenej tortovej formy s rozmermi 30 x 20 cm/12 x 8 (forma na pečenie). Bielka vyšľaháme do peny a rozotrieme na zmes. Pečte v predhriatej rúre na 180°C/350°F/termostat 4 30 minút do zlatista. Nechajte vychladnúť a potom nakrájajte na tyčinky.

Čerešňový karamelový plech na pečenie

dať 12

100 g/4 oz/1 šálka mandlí

8 oz/1 šálka čerešní (kandizovaných), rozpolených

8 oz/1 šálka masla alebo margarínu, zmäkčeného

225 g/8 oz/1 šálka práškového cukru (veľmi jemného)

3 miešané vajíčka

100 g/4 oz/1 šálka samokyprijúcej (samokypriaci) múky

50 g/2 oz/½ šálky mletých mandlí

5 ml/1 čajová lyžička sódy bikarbóny

5 ml/1 lyžička. mandľový extrakt (extrakt)

Na dno 20 cm maslovej tortovej formy nasypeme mandle a čerešne. Roztopte margarín s ¼ šálky/2 unce/50 g masla alebo ¼ šálky/2 unce/50 g cukru, potom nalejte na čerešne a pekanové orechy. Zvyšné maslo alebo margarín a cukor vyšľaháme do svetlej a nadýchanej hmoty, potom vmiešame vajcia a vmiešame múku, mleté mandle, prášok do pečiva a mandľový extrakt. Zmes nalejeme do formy a vrch uhladíme. Pečte 1 hodinu v predhriatej rúre na 160 °C/325 °F/termostat 3. Nechajte niekoľko minút vychladnúť na panvici, potom opatrne prevráťte na mriežku a v prípade potreby zoškrabte vložku z vložkového papiera. Pred rezaním nechajte úplne vychladnúť.

čokoládový tanier

dať 24

100 g/4 oz/½ šálky masla alebo margarínu, zmäkčeného

100 g/4 oz/½ šálky mäkkého hnedého cukru

50 g/2 oz/¼ šálky práškového cukru (veľmi jemného)

1 vajce

5 ml/1 čajová lyžička vanilkového extraktu

100 g/4 oz/1 šálka hladkej múky (univerzálne)

2,5 ml/½ čajovej lyžičky sódy bikarbóny (jedlej sódy)

štipka soli

100g/4oz/1 šálka čokoládových lupienkov

Maslo alebo margarín a cukor vyšľahajte do svetlej a nadýchanej hmoty, potom postupne pridajte vajce a vanilkový extrakt. Zmiešame múku, prášok do pečiva a soľ. Pridajte čokoládové lupienky. Vylejeme na vymastený a múkou vysypaný plech 25 cm/12 štvorcových a pečieme v 2 rúrach predhriatych na 190°C/375°F/termostat 2 15 minút dozlatista. Necháme vychladnúť a potom nakrájame na štvorce.

Škoricovo rozdrobená vrstva

dať 12

Pre základňu:

100 g/4 oz/½ šálky masla alebo margarínu, zmäkčeného

30 ml/2 polievkové lyžice čistého medu

2 vajcia, zľahka rozšľahané

100 g/4 oz/1 šálka hladkej múky (univerzálne)

Pre drobca:

75 g/3 oz/1/3 šálky masla alebo margarínu

75 g/3 oz/¾ šálky hladkej múky (univerzálne)

75 g/3 oz/¾ šálky ovsených vločiek

5 ml/1 lyžička. mletá škorica

50 g/2 oz/¼ šálky cukru demerara

Maslo alebo margarín a med smotajte, kým nebudú svetlé a nadýchané. Postupne pridávame vajcia, potom múku. Nalejte polovicu zmesi do vymastenej štvorcovej formy 8 palcov/20 cm a uhlaďte povrch.

Na prípravu mrveničky vtierajte maslo alebo margarín do múky, kým zmes nebude pripomínať strúhanku. Zmiešajte ovsené vločky, škoricu a cukor. Nalejte polovicu cesta do formy, potom na ňu pridajte zvyšok koláčovej zmesi a potom zvyšok strúhanky. Pečte v predhriatej rúre na 190°C/375°F/termostat 5 asi 35 minút, kým špáradlo zasunuté do stredu nevyjde čisté. Nechajte vychladnúť a potom nakrájajte na tyčinky.

Škoricové gýčové tyčinky

dáva 16

225 g/8 oz/2 šálky hladkej múky (univerzálne)

10 ml/2 čajové lyžičky sódy bikarbóny

225 g/8 oz/1 šálka mäkkého hnedého cukru

15 ml / 1 polievková lyžica rozpusteného masla

250 ml/8 fl oz/1 šálka mlieka

30 ml/2 polievkové lyžice cukru demerara

10 ml/2 polievkové lyžice. mletá škorica

25 g/1 oz/2 lyžice masla, vychladeného a nasekaného

Zmiešame múku, prášok do pečiva a cukor. Pridajte rozpustené maslo a mlieko a dobre premiešajte. Zmes natlačte do dvoch štvorcových tortových foriem s rozmermi 9 palcov/23 cm. Na vrch posypte cukor demerara a škoricu, potom na povrch pritlačte kúsky masla. Pečieme 30 minút v 4 predhriatych 180°C/350°F/termostat 4 rúrach. Maslo urobí diery v zmesi a počas varenia sa stane lepkavým.

kokosové tyčinky

dáva 16

75 g/3 oz/1/3 šálky masla alebo margarínu

100 g/4 oz/1 šálka hladkej múky (univerzálne)

30 ml/2 polievkové lyžice práškového cukru (veľmi jemný)

2 vajcia

100 g/4 oz/½ šálky mäkkého hnedého cukru

štipka soli

175 g/6 oz/1 ½ šálky sušeného kokosu (strúhaného)

50 g/2 oz/½ šálky nasekaných zmiešaných orechov

oranžová glazúra

Maslo alebo margarín votrite do múky, kým zmes nebude pripomínať strúhanku. Primiešame cukor a natlačíme na nemastnú štvorcovú panvicu s priemerom 9/23 cm. Pečieme v predhriatych rúrach na 190°C/350°F/termostat 4 15 minút, kým nie sú pevné.

Zmiešajte vajcia, hnedý cukor a soľ, potom vmiešajte kokos a pekanové orechy a rozotrite na základ. Pečieme 20 minút, kým stuhne a nezhnedne. Za studena zmrazte pomarančovou polevou. Nakrájajte na tyčinky.

Sendvičové tyčinky s kokosovým džemom

dáva 16

25 g/1 oz/2 lyžice masla alebo margarínu

175 g/6 oz/1½ šálky samokypriace múky (samokypriacia)

225 g/8 oz/1 šálka práškového cukru (veľmi jemného)

2 žĺtky

75 ml/5 polievkových lyžíc vody

175 g/6 oz/1 ½ šálky sušeného kokosu (strúhaného)

4 bielka

50 g/2 oz/½ šálky hladkej múky (univerzálne)

100 g/4 oz/1/3 šálky jahodového džemu (v obchode)

Do samokypriacej múky natrieme maslo alebo margarín a potom zmiešame s 50 g/2 oz/¼ šálky cukru. Vaječný žĺtok a 45 ml/3 lyžice vody vyšľaháme a vmiešame do zmesi. Vtlačíme do maslom vymasteného základu 30 x 20 cm/12 x 8 tortovej formy (forma na želé) a prepichneme vidličkou. Pečieme 12 minút v 4 predhriatych 180°C/350°F/termostat 4 rúrach. necháme vychladnúť.

Vložte kokos, zvyšný cukor a vodu a jeden bielok do hrnca a miešajte na miernom ohni, kým zmes nezhnedne bez zhlukov. necháme vychladnúť. Primiešame hladkú múku. Zo zvyšných bielkov vyšľaháme tuhý sneh a potom vmiešame do zmesi. Na základ natrieme džem, potom potrieme kokosovou plnkou. Pečieme 30 minút do zlatista. Pred krájaním na tyčinky nechajte vychladnúť na panvici.

Dátum a Apple zásobník

dať 12

1 pečené (koláčové) jablko, ošúpané, zbavené jadrovníkov a nakrájané

225 g/8 oz/11/3 šálky vykôstkovaných datlí, nasekaných

150 ml/¼ pt/2/3 šálky vody

350 g/12 oz/3 šálky ovsených vločiek

6 oz/¾ šálky/175 g masla alebo margarínu, rozpusteného

45 ml/3 polievkové lyžice cukru demerara

5 ml/1 lyžička. mletá škorica

Jablká, datle a vodu dáme do hrnca a varíme domäkka asi 5 minút, kým jablká nezmäknú. necháme vychladnúť. Skombinujte ovsené vločky, maslo alebo margarín, cukor a škoricu. Polovicu nalejte do vymastenej štvorcovej formy 8 palcov/20 cm a uhlaďte povrch. Navrch poukladáme zmes jabĺk a datlí, potom natrieme zvyšnou ovsenou zmesou a uhladíme povrch. Jemne zatlačte. Pečieme v predhriatej rúre na 190°C/375°F/termostat 5 dozlatista, asi 30 minút. Nechajte vychladnúť a potom nakrájajte na tyčinky.

dátumové zóny

dať 12

8 oz/1 1/3 šálky vykôstkovaných datlí (bez semien), nasekaných

30 ml/2 polievkové lyžice čistého medu

30 ml/2 polievkové lyžice citrónovej šťavy

225 g/8 oz/1 šálka masla alebo margarínu

225 g/8 oz/2 šálky celozrnnej múky (celozrnnej)

225 g/8 oz/2 šálky ovsených vločiek

75 g/3 oz/1/3 šálky mäkkého hnedého cukru

Datle, med a citrónovú šťavu varte na miernom ohni niekoľko minút, kým datle nezmäknú. Maslo alebo margarín votrite do múky a ovsa, kým zmes nebude pripomínať strúhanku, potom vmiešajte cukor. Polovicu zmesi nalejte do vymastenej a vystlanej štvorcovej formy (panvice) s veľkosťou 8 palcov/20 cm. Na vrch nalejte datlovú zmes a dokončite ju zvyšnou zmesou na koláč. Pevne stlačte. Pečte v predhriatej rúre na 190 °C/375 °F/termostat 5 35 minút, kým nezmäkne. Necháme vychladnúť na panvici, ešte horúce nakrájame na plátky.

Babičkine dátumovky

dáva 16

100 g/4 oz/½ šálky masla alebo margarínu, zmäkčeného

225 g/8 oz/1 šálka mäkkého hnedého cukru

2 vajcia, zľahka rozšľahané

175 g/6 oz/1½ šálky hladkej múky (univerzálne)

2,5 ml/½ čajovej lyžičky sódy bikarbóny (jedlej sódy)

5 ml/1 lyžička. mletá škorica

Štipka mletých klinčekov

Štipka strúhaného kokosu

175 g/6 oz/1 šálka vykôstkovaných datlí (bez semien), nasekaných

Maslo alebo margarín a cukor vyšľahajte do svetlej a nadýchanej hmoty. Postupne pridávajte vajcia, po každom pridaní dobre šľahajte. Zvyšné zložky miešajte, kým sa dobre nepremiešajú. Nalejte do vymastenej a múkou vysypanej štvorcovej formy s priemerom 23 cm a pečte v predhriatej rúre na 180 °C/350 °F/termostat 4 25 minút, kým špáradlo zasunuté do stredu nevyjde čisté. Nechajte vychladnúť a potom nakrájajte na tyčinky.

Datlové a ovsené tyčinky

dáva 16

175 g/6 oz/1 šálka vykôstkovaných datlí (bez semien), nasekaných

15 ml / 1 polievková lyžica medu

30 ml/2 polievkové lyžice vody

225 g/8 oz/2 šálky celozrnnej múky (celozrnnej)

100g/4oz/1 šálka ovsených vločiek

100 g/4 oz/½ šálky mäkkého hnedého cukru

2/3 šálky/5 uncí/150 g masla alebo margarínu, rozpusteného

Datle, med a vodu uvarte v malom hrnci do mäkka. Zmiešajte múku, ovos a cukor, potom vmiešajte rozpustené maslo alebo margarín. Polovicu zmesi natlačíme do vymastenej štvorcovej formy s rozmermi 7"/18 cm, posypeme datľovou zmesou, potom posypeme zvyšnou ovsenou zmesou a zľahka pritlačíme. Pečieme v predhriatej rúre na 180°C/350°F/termostat 4 1 hodinu, kým nie sú pevné a zlaté. Necháme vychladnúť na panvici, ešte horúce nakrájame na tyčinky.

Tyčinky z datlí a orechov

dať 12

100 g/4 oz/½ šálky masla alebo margarínu, zmäkčeného

2/3 šálky/5 uncí/150 g práškového cukru (veľmi jemný)

1 vajce, zľahka rozšľahané

100 g/4 oz/1 šálka samokyprijúcej (samokypriaci) múky

8 oz/11/3 šálky vykôstkovaných datlí (bez semien), nasekaných

100 g/4 oz/1 šálka vlašských orechov, nasekaných

15 ml/1 polievková lyžica mlieka (voliteľné)

100 g/4 oz/1 šálka hladkej čokolády (polosladká)

Maslo alebo margarín a cukor vyšľahajte do svetlej a nadýchanej hmoty. Pridajte vajíčko, potom múku, datle a vlašské orechy, ak je zmes príliš hustá, pridajte trochu mlieka. Nalejte do vymastených švajčiarskych rožkov s rozmermi 30 x 20 cm/12 x 8 švajčiarskych rožkov (pekáč) a pečte v predhriatych rúrach na 180 °C/350 °F/termostat 4 30 minút, kým nezmäknú. necháme vychladnúť.

Čokoládu rozpustite v žiaruvzdornej miske umiestnenej nad hrncom s vriacou vodou. Natrieme na zmes a necháme vychladnúť a stuhnúť. Ostrým nožom nakrájame na tyčinky.

figové tyčinky

dáva 16

8 oz/225 g čerstvých fíg, nasekaných

30 ml/2 polievkové lyžice čistého medu

15 ml / 1 polievková lyžica citrónovej šťavy

225 g/8 oz/2 šálky celozrnnej múky (celozrnnej)

225 g/8 oz/2 šálky ovsených vločiek

225 g/8 oz/1 šálka masla alebo margarínu

75 g/3 oz/1/3 šálky mäkkého hnedého cukru

Figy, med a citrónovú šťavu varte na miernom ohni 5 minút. Necháme mierne vychladnúť. Zmiešajte múku a ovsené vločky, potom vmiešajte maslo alebo margarín a vmiešajte cukor. Polovicu zmesi natlačte na vymastenú štvorcovú panvicu s rozmermi 8"/20 cm a na vrch nalejte figovú zmes. Prikryjeme zvyšným koláčovým mixom a pevne pritlačíme. Pečte v predhriatej rúre na 180°C/350°F/termostat 4 30 minút do zlatista. Necháme vychladnúť na panvici a ešte horúce krájame na plátky.

flapjacks

dáva 16

75 g/3 oz/1/3 šálky masla alebo margarínu

50 g/2 oz/3 lyžice zlatého sirupu (svetlá kukurica)

100 g/4 oz/½ šálky mäkkého hnedého cukru

175 g/6 oz/1½ šálky ovsených vločiek

Rozpustite maslo alebo margarín so sirupom a cukrom a potom vmiešajte ovsené vločky. Natlačíme do vymastenej štvorcovej formy 8"/20 cm a pečieme v predhriatej rúre 350°F/180°C/termostat 4, kým jemne nezhnedne, asi 20 minút. Pred krájaním na tyčinky nechajte mierne vychladnúť, potom nechajte úplne vychladnúť na panvici pred vybratím z formy.

Cherry Flapjacks

dáva 16

75 g/3 oz/1/3 šálky masla alebo margarínu

50 g/2 oz/3 lyžice zlatého sirupu (svetlá kukurica)

100 g/4 oz/½ šálky mäkkého hnedého cukru

175 g/6 oz/1½ šálky ovsených vločiek

100 g/4 oz/1 šálka čerešní (kandizovaných), nasekaných

Rozpustite maslo alebo margarín so sirupom a cukrom, potom vmiešajte zrolovaný ovos a čerešne. Natlačíme do vymastenej 20 cm/8" štvorcovej formy a pečieme v predhriatej rúre na 180°C/350°F/termostat 4, kým jemne nezhnedne, asi 20 minút. Pred krájaním na tyčinky nechajte mierne vychladnúť, potom nechajte úplne vychladnúť na panvici pred vybratím z formy.

Čokoládové flapjacky

dáva 16

75 g/3 oz/1/3 šálky masla alebo margarínu

50 g/2 oz/3 lyžice zlatého sirupu (svetlá kukurica)

100 g/4 oz/½ šálky mäkkého hnedého cukru

175 g/6 oz/1½ šálky ovsených vločiek

100g/4oz/1 šálka čokoládových lupienkov

Rozpustite maslo alebo margarín so sirupom a cukrom, potom vmiešajte ovsené vločky a čokoládové lupienky. Vtlačte do vymastenej 20 cm/8" štvorcovej formy (formy) a pečte v predhriatej rúre na 180 °C/350 °F/termostat 4 asi 20 minút, kým jemne nezhnedne. Pred krájaním na tyčinky nechajte mierne vychladnúť, potom nechajte úplne vychladnúť na panvici pred vybratím z formy.

Ovocné Flapjacks

dáva 16

75 g/3 oz/1/3 šálky masla alebo margarínu

100 g/4 oz/½ šálky mäkkého hnedého cukru

50 g/2 oz/3 lyžice zlatého sirupu (svetlá kukurica)

175 g/6 oz/1½ šálky ovsených vločiek

75 g/3 oz/½ šálky hrozienok, hrozienok alebo iného sušeného ovocia

Rozpustite maslo alebo margarín s cukrom a sirupom, potom vmiešajte zrolovaný ovos a hrozienka. Natlačíme do vymastenej 20 cm/8" štvorcovej formy a pečieme v predhriatej rúre na 180°C/350°F/termostat 4, kým jemne nezhnedne, asi 20 minút. Pred krájaním na tyčinky nechajte mierne vychladnúť, potom nechajte úplne vychladnúť na panvici pred vybratím z formy.

Ovocné a orechové fľaštičky

dáva 16

75 g/3 oz/1/3 šálky masla alebo margarínu

100 g/4 oz/1/3 šálky čistého medu

50g/2oz/1/3 šálky hrozienok

50 g nasekaných vlašských orechov

175 g/6 oz/1½ šálky ovsených vločiek

Na miernom ohni rozpustíme maslo alebo margarín s medom. Pridajte hrozienka, orechy a ovsené vločky a dobre premiešajte. Nalejte do vymastenej štvorcovej formy 9/23 cm a pečte v 4 rúrach predhriatych na 180 °C/350 °F/termostat 4 25 minút. Necháme vychladnúť na panvici, ešte horúce nakrájame na tyčinky.

Ginger Flapjacks

dáva 16

75 g/3 oz/1/3 šálky masla alebo margarínu

100 g/4 oz/½ šálky mäkkého hnedého cukru

50 g/2 oz/3 lyžice sirupu z pohára koreňa zázvoru

175 g/6 oz/1½ šálky ovsených vločiek

4 koreňový zázvor, jemne nasekaný

Rozpustite maslo alebo margarín s cukrom a sirupom, potom vmiešajte ovsené vločky a zázvor. Vtlačte do vymastenej 20 cm/8" štvorcovej formy (formy) a pečte v predhriatej rúre na 180 °C/350 °F/termostat 4 asi 20 minút, kým jemne nezhnedne. Pred krájaním na tyčinky nechajte mierne vychladnúť, potom nechajte úplne vychladnúť na panvici pred vybratím z formy.

Lieskový oriešok Flapjack

dáva 16

75 g/3 oz/1/3 šálky masla alebo margarínu

50 g/2 oz/3 lyžice zlatého sirupu (svetlá kukurica)

100 g/4 oz/½ šálky mäkkého hnedého cukru

175 g/6 oz/1½ šálky ovsených vločiek

100 g/4 oz/1 šálka nasekaných zmiešaných orechov

Rozpustite maslo alebo margarín so sirupom a cukrom, potom vmiešajte ovsené vločky a orechy. Vtlačte do vymastenej 20 cm/8" štvorcovej formy (formy) a pečte v predhriatej rúre na 180 °C/350 °F/termostat 4 asi 20 minút, kým jemne nezhnedne. Pred krájaním na tyčinky nechajte mierne vychladnúť, potom nechajte úplne vychladnúť na panvici pred vybratím z formy.

citrónové sušienky

dáva 16

100 g/4 oz/1 šálka hladkej múky (univerzálne)

100 g/4 oz/½ šálky masla alebo margarínu, zmäkčeného

3 oz/½ šálky/75 g práškového cukru, preosiateho

2,5 ml/½ čajovej lyžičky sódy bikarbóny

štipka soli

30 ml/2 polievkové lyžice citrónovej šťavy

10 ml/2 polievkové lyžice. strúhaná citrónová kôra

Zmiešajte múku, maslo alebo margarín, práškový cukor a prášok do pečiva. Natlačíme do vymastenej štvorcovej formy 9/23 cm a pečieme v 4 rúrach predhriatych na 180 °C/350 °F/termostat 4 20 minút.

Zmiešajte zvyšné ingrediencie a šľahajte, kým nebudú svetlé a nadýchané. Nalejte na horúci základ, znížte teplotu rúry na 160 °C/325 °F/termostat 3 a vráťte sa do rúry na ďalších 25 minút, kým na dotyk nepruží. Necháme vychladnúť a potom nakrájame na štvorce.

Moka a kokosové štvorce

dať 20

1 vajce

100 g/4 oz/½ šálky práškového cukru (veľmi jemného)

100 g/4 oz/1 šálka hladkej múky (univerzálne)

10 ml/2 čajové lyžičky sódy bikarbóny

štipka soli

75 ml/5 polievkových lyžíc mlieka

75 g/3 oz/1/3 šálky masla alebo margarínu, rozpusteného

15 ml/1 polievková lyžica kakaového prášku (nesladená čokoláda)

2,5 ml/½ čajovej lyžičky vanilkového extraktu

Na ozdobu:

3 oz/½ šálky/75 g práškového cukru, preosiateho

2 oz/¼ šálky/50 g masla alebo margarínu, roztopené

45 ml/3 polievkové lyžice silnej, horúcej čiernej kávy

15 ml/1 polievková lyžica kakaového prášku (nesladená čokoláda)

2,5 ml/½ čajovej lyžičky vanilkového extraktu

25g/1oz/¼ šálky sušeného kokosu (strúhaného)

Vajcia a cukor vyšľaháme, kým nebudú svetlé a nadýchané. Pridajte múku, prášok do pečiva a soľ, striedavo s mliekom a rozpusteným maslom alebo margarínom. Pridajte kakao a vanilkový extrakt. Zmes nalejte do vymastenej 20 cm/8" štvorcovej tortovej formy (formy) a pečte v predhriatej rúre na 200°C/400°F/termostat 6 15 minút, kým nebude dobre nafúknutá a mäkká na dotyk.

Na náplň zmiešame práškový cukor, maslo alebo margarín, kávu, kakao a vanilkový extrakt. Natrieme na horúci koláč a posypeme muškátovým orieškom. Necháme vychladnúť na panvici, potom vyberieme z formy a nakrájame na štvorce.

Ahoj Dolly Cookies

dáva 16

100 g/4 oz/½ šálky masla alebo margarínu

100 g/4 oz/1 šálka tráviacich sušienok

(grahamový rožok) omrvinky

100g/4oz/1 šálka čokoládových lupienkov

100 g/4 oz/1 šálka sušeného kokosu (strúhaného)

100 g/4 oz/1 šálka vlašských orechov, nasekaných

400g/14oz/1 veľká plechovka kondenzovaného mlieka

Maslo alebo margarín rozpustíme a primiešame strúhanku. Zmes natlačíme na dno vymastenej a fóliou vystlanej tortovej formy 28 x 18 cm/11 x 7 (plech). Posypeme čokoládovými lupienkami, potom kokosom a nakoniec vlašskými orechmi. Na vrch nalejte kondenzované mlieko a pečte v predhriatych rúrach na 180°C/350°F/termostat 4 25 minút. Ešte horúce krájajte na tyčinky a nechajte úplne vychladnúť.

Kokosová čokoláda lieskovoorieškové tyčinky

dať 12

75 g/3 oz/¾ šálky mliečnej čokolády

75 g/3 oz/¾ šálky hladkej čokolády (polosladkej)

75 g/3 oz/1/3 šálky chrumkavého arašidového masla

75 g/3 oz/¾ šálky strúhanky na tráviace sušienky (grahamové sušienky)

75 g nasekaných vlašských orechov

75 g/3 oz/¾ šálky sušeného kokosu (strúhaného)

75 g/3 oz/¾ šálky bielej čokolády

V žiaruvzdornej miske nad hrncom s vriacou vodou roztopte mliečnu čokoládu. Rozotrieme na dno 23 cm/7 štvorcovej formy a necháme odležať.

Jemne roztopte tmavú čokoládu a arašidové maslo na miernom ohni, potom vmiešajte sušienky, lieskové orechy a kokos. Natrieme na nastavenú čokoládu a dáme do chladničky, kým stuhne.

V žiaruvzdornej miske nad hrncom s vriacou vodou roztopte bielu čokoládu. Posypte sušienky vzorom, potom ich nechajte postáť a potom nakrájajte na tyčinky.

orechové štvorce

dať 12

75 g/3 oz/¾ šálky hladkej čokolády (polosladkej)

2 oz/¼ šálky/50 g masla alebo margarínu

100 g/4 oz/½ šálky práškového cukru (veľmi jemného)

2 vajcia

5 ml/1 čajová lyžička vanilkového extraktu

75 g/3 oz/¾ šálky hladkej múky (univerzálne)

2,5 ml/½ čajovej lyžičky sódy bikarbóny

100 g/4 oz/1 šálka nasekaných zmiešaných orechov

Čokoládu rozpustíme v žiaruvzdornej miske nad hrncom s vriacou vodou. Miešame, kým sa maslo nerozpustí, potom vmiešame cukor. Odstavíme z ohňa a vmiešame vajíčka a vanilkový extrakt. Zmiešame múku, prášok do pečiva a orechy. Zmes nalejte do vymastenej 25 cm/10 štvorcovej formy a pečte v predhriatej rúre na 180 °C/350 °F/termostat 4 15 minút do zlatista. Ešte horúce nakrájame na malé štvorčeky.

Pomarančové pekanové plátky

dáva 16

375 g/13 oz/3 ¼ šálky hladkej múky (univerzálne)

10 oz/275 g/1 ¼ šálky práškového cukru (veľmi jemný)

5 ml/1 čajová lyžička sódy bikarbóny

75 g/3 oz/1/3 šálky masla alebo margarínu

2 miešané vajíčka

6 fl oz/¾ šálky mlieka

1 malá plechovka/7 oz/200 g mandarínok, scedených a nahrubo nasekaných

100 g/4 oz/1 šálka vlašských orechov, nasekaných

Jemne nastrúhaná kôra z 2 pomarančov

10 ml/2 polievkové lyžice. mletá škorica

Zmiešajte 3 šálky/12 oz/325 g múky, 1 šálku/8 oz/225 g cukru a prášok do pečiva. Roztopte ¼ šálky/2 oz/50 g masla alebo margarínu a primiešajte vajce a mlieko. Jemne premiešajte tekutinu so suchými prísadami, až kým nebude hladká. Zmiešajte mandarínku, vlašské orechy a pomarančovú kôru. Vylejeme do maslom vymastenej a vysypanej formy 30 x 20 cm/12 x 8 (forma). Potrieme zvyšnou múkou, cukrom, maslom a škoricou a posypeme koláč. Pečte v predhriatej rúre na 180°C/350°F/termostat 4 40 minút do zlatista. Nechajte vychladnúť na panvici a potom nakrájajte na asi 16 plátkov.

Parkovisko

Vytvára 16 štvorcov

100 g/4 oz/½ šálky bravčovej masti (tuk)

100 g/4 oz/½ šálky masla alebo margarínu

75 g/3 oz/1/3 šálky mäkkého hnedého cukru

100 g/4 oz/1/3 šálky zlatého sirupu (svetlá kukurica)

100 g/4 oz/1/3 šálky blackstrap melasy (melasy)

10 ml/2 čajové lyžičky sódy bikarbóny (jedlej sódy)

150 ml/¼ pt/2/3 šálky mlieka

225 g/8 oz/2 šálky celozrnnej múky (celozrnnej)

225 g/8 oz/2 šálky ovsených vločiek

10 ml/2 polievkové lyžice. mletý zázvor

2,5 ml/½ čajovej lyžičky soli

V hrnci rozpustíme masť, maslo alebo margarín, cukor, sirup a melasu. Sódu bikarbónu rozpustíme v mlieku a v hrnci zmiešame s ostatnými surovinami. Nalejte do vymastenej a vystlanej štvorcovej formy (8 palcov/20 cm) a pečte v predhriatej rúre na 160 °C/termostat 3 1 hodinu, kým nebude pevná. Stredom môže tiecť. Nechajte vychladnúť, potom skladujte vo vzduchotesnej nádobe na niekoľko dní pred krájaním na štvorce a podávaním.

Tyčinky s arašidovým maslom

dáva 16

100 g/4 oz/1 šálka masla alebo margarínu

175 g/6 oz/1 ¼ šálky hladkej múky (univerzálne)

175 g/6 oz/¾ šálky mäkkého hnedého cukru

75 g/3 oz/1/3 šálky arašidového masla

štipka soli

1 malý vaječný žĺtok, rozšľahaný

2,5 ml/½ čajovej lyžičky vanilkového extraktu

100 g/4 oz/1 šálka hladkej čokolády (polosladká)

2 oz/50 g pufovaných ryžových vločiek

Maslo alebo margarín votrite do múky, kým zmes nebude pripomínať strúhanku. Zmiešajte cukor, 2 polievkové lyžice/30 ml arašidového masla a soľ. Pridajte vaječný žĺtok a vanilkový extrakt a miešajte, kým sa nespojí. Vtlačte do 25 cm/10 palcovej štvorcovej formy (formy). Pečieme v 3 predhriatych rúrach pri teplote 160 °C/325 °F/termostat 30 minút, kým sa nenafúkne a nezmäkne.

Čokoládu rozpustíme v žiaruvzdornej miske nad hrncom s vriacou vodou. Odstráňte z tepla a vmiešajte zvyšné arašidové maslo. Vmiešajte cereálie a dobre premiešajte, kým sa nepotiahnu čokoládovou zmesou. Nalejeme na koláč a uhladíme povrch. Nechajte vychladnúť, potom dajte do chladničky a nakrájajte na tyčinky.

piknikové plátky

dať 12

225 g/8 oz/2 šálky hladkej čokolády (polosladkej)

2 oz/¼ šálky/50 g masla alebo margarínu, zmäkčené

100 g/4 oz/½ šálky práškového cukru

1 vajce, zľahka rozšľahané

100 g/4 oz/1 šálka sušeného kokosu (strúhaného)

50g/2oz/1/3 šálky hrozienok (zlaté hrozienka)

2 oz/50 g/¼ šálky čerešní (kandizovaných), nasekaných

Čokoládu rozpustite v žiaruvzdornej miske umiestnenej nad hrncom s vriacou vodou. Vylejeme na dno maslom vymastenej a vysypanej tortovej formy 30 x 20 cm/12 x 8 (forma na želé). Maslo alebo margarín a cukor vyšľahajte do svetlej a nadýchanej hmoty. Postupne pridajte vajíčko, potom vmiešajte kokos, hrozienka a čerešne. Nalejte čokoládu a pečte pri teplote 150 °C/300 °F/termostat 3 30 minút dozlatista. Nechajte vychladnúť a potom nakrájajte na tyčinky.

Ananás a kokosové tyčinky

dať 20

1 vajce

100 g/4 oz/½ šálky práškového cukru (veľmi jemného)

75 g/3 oz/¾ šálky hladkej múky (univerzálne)

5 ml/1 čajová lyžička sódy bikarbóny

štipka soli

75 ml/5 polievkových lyžíc vody

Na ozdobu:

200 g/7 oz/1 malá konzerva ananásu, scedený a nasekaný

25 g/1 oz/2 lyžice masla alebo margarínu

50 g/2 oz/¼ šálky práškového cukru (veľmi jemného)

1 žĺtok

25g/1oz/¼ šálky sušeného kokosu (strúhaného)

5 ml/1 čajová lyžička vanilkového extraktu

Vajcia a cukor vyšľaháme do svetlej a bledej farby. Striedavo s vodou pridávame múku, prášok do pečiva a soľ. Vylejeme do vymastenej a múkou vysypanej štvorcovej tortovej formy s priemerom 7 cm/18 cm a pečieme v predhriatej rúre na 200 °C/termostat 6 20 minút, kým sa dobre nenafúkne a nebude sa lepiť na ruky. Horúci koláč polejeme ananásom. Zvyšné ingrediencie zohrejte v malom hrnci na miernom ohni za stáleho miešania, kým sa dobre nespoja, ale nenechajte zmes vrieť. Nalejte ananás, potom vložte koláč do rúry na ďalších 5 minút, kým nie je vrch zlatohnedý. Necháme vo forme vychladnúť 10 minút,

Slivkový kvasnicový koláč

dáva 16

15 g/½ oz čerstvého droždia alebo 20 ml/4 polievkové lyžice. suché droždie

50 g/2 oz/¼ šálky práškového cukru (veľmi jemného)

¼ pt/150 ml/2/3 šálky horúceho mlieka

2 oz/¼ šálky/50 g masla alebo margarínu, roztopené

1 vajce

1 žĺtok

2¼ šálky/9 uncí/250 g hladkej múky (univerzálne)

5 ml/1 lyžička. jemne nastrúhaná citrónová kôra

675 g/1½ lb sliviek, rozštvrtených a odkôstkovaných (odkôstkovaných)

Práškový cukor (cukrovinky), preosiaty, na posypanie

mletá škorica

Zmiešajte droždie s 5 ml / 1 lyžička. cukru a trocha horúceho mlieka a necháme na teplom mieste 20 minút, kým sa nespení. Zvyšný cukor a mlieko vyšľaháme s rozpusteným maslom alebo margarínom, vajcom a žĺtkom. V miske zmiešame múku a citrónovú kôru a v strede vytvoríme kaluž. Postupne primiešame kvásková zmes a vaječnú zmes, aby nám vzniklo vláčne cesto. Šľaháme, kým nie je cesto veľmi hladké a na povrchu sa nezačnú vytvárať bublinky. Zľahka vtlačíme do maslom vymastenej a múkou vysypanej formy 25 cm/10 štvorcových. Na cesto poukladajte slivky tesne k sebe. Prikryjeme naolejovanou potravinovou fóliou (igelitovou fóliou) a necháme 1 hodinu na teplom mieste. štvorhra. Vložte do predhriatej rúry na 200°C/400°F/termostat 6, potom ihneď znížte teplotu rúry na 190°C/375°F/termostat 5 a pečte 45 minút. Znížte teplotu rúry späť na 180°C/350°F/termostat 4 a pečte ďalších 15 minút do zlatista. Ešte teplý koláč posypeme práškovým cukrom a škoricou, necháme vychladnúť a nakrájame na štvorce.

Americké tekvicové tyčinky

dať 20

2 vajcia

175 g/6 oz/¾ šálky práškového cukru (veľmi jemného)

120 ml/4 fl oz/½ šálky oleja

8 oz/225 g nakrájanej varenej cukety

100 g/4 oz/1 šálka hladkej múky (univerzálne)

5 ml/1 čajová lyžička sódy bikarbóny

5 ml/1 lyžička. mletá škorica

2,5 ml/½ čajovej lyžičky sódy bikarbóny (jedlej sódy)

50g/2oz/1/3 šálky hrozienok (zlaté hrozienka)

tvarohový krém

Vajcia rozšľaháme, kým nebudú svetlé a nadýchané, potom pridáme cukor a olej a zmiešame s tekvicou. Zmiešajte múku, prášok do pečiva, škoricu a sódu bikarbónu, kým sa nezmiešajú. Vmiešame hrozienka. Zmes nalejte do maslom vymastenej a múkou vysypanej formy s rozmermi 30 x 20 cm/12 x 8 (plech na pečenie) a pečte v predhriatej rúre na 180°C/350°F/termostat 4 30 minút, kým sa do nej nezapichne špáradlo. stred vyjde čistý Necháme vychladnúť, potom potrieme tvarohovou polevou a nakrájame na tyčinky.

Dule a mandľové tyčinky

dáva 16

450 g dule

50 g/2 oz/¼ šálky bravčovej masti (tuku)

2 oz/¼ šálky/50 g masla alebo margarínu

100 g/4 oz/1 šálka hladkej múky (univerzálne)

30 ml/2 polievkové lyžice práškového cukru (veľmi jemný)

Asi 30 ml/2 polievkové lyžice vody

Na náplň:

75 g/3 oz/1/3 šálky masla alebo margarínu, zmäkčeného

100 g/4 oz/½ šálky práškového cukru (veľmi jemného)

2 vajcia

Pár kvapiek mandľového extraktu (esencia)

100 g/4 oz/1 šálka mletých mandlí

25g/1oz/¼ šálky hladkej múky (univerzálne)

50 g/2 oz/½ šálky strúhaných mandlí (nasekaných)

Dule ošúpeme, zbavíme semienok a nasekáme nadrobno. Dáme do hrnca a už len podlejeme vodou. Priveďte do varu a varte asi 15 minút, kým nezmäkne. Vypustite prebytočnú vodu.

Masť a maslo alebo margarín votrite do múky, kým zmes nebude pripomínať strúhanku. Zmiešajte cukor. Pridajte toľko vody, aby vzniklo mäkké cesto, potom vyvaľkajte na jemne pomúčenej doske a použite na vyloženie dna a bokov plechu na pečenie s rozmermi 30 x 20 cm (12 x 8 palcov). Celé prepichnite vidličkou. Dierovanou lyžicou ukladáme dule na cesto.

Maslo alebo margarín a cukor vyšľahajte do krému, potom postupne pridajte vajce a mandľový extrakt. Pridáme mleté mandle a múku a zalejeme dule. Posypte strúhanými mandľami a pečte v predhriatej rúre na 180°C/350°F/termostat 4 45 minút, kým nebudú pevné a zlaté. Po vychladnutí nakrájame na štvorce.

Jahodová penová torta

Urobí tortu 9"/23 cm

Na tortu:

100 g/4 oz/1 šálka samokyprijúcej (samokypriaci) múky

100 g/4 oz/½ šálky masla alebo margarínu, zmäkčeného

100 g/4 oz/½ šálky práškového cukru (veľmi jemného)

2 vajcia

Pre penu:

15 ml/1 polievková lyžica práškovej želatíny

30 ml/2 polievkové lyžice vody

450 g/1 lb jahôd

3 vajcia, oddelené

75 g/3 oz/1/3 šálky práškového cukru (veľmi jemného)

5 ml/1 čajová lyžička citrónovej šťavy

½ pt/1 ¼ šálky/300 ml smotany (hustá)

30 ml/2 polievkové lyžice. strúhané mandle (sekané), jemne opražené

Suroviny na koláč spolu vyšľaháme do hladka. Nalejte do vymastenej a múkou vysypanej tortovej formy (formy) s priemerom 9 cm/23 cm a pečte v 5 rúrach predhriatych na 190 °C/190 °C s termostatom 25 minút, kým nebudú zlatohnedé a pevné. Vyberte z formy a nechajte vychladnúť.

Na vytvorenie peny prisypte želatínu nad misku s vodou a nechajte ju odležať, kým nebude nadýchaná. Vložte misku do panvice s horúcou vodou a nechajte ju sedieť, kým sa nerozpustí. Necháme mierne vychladnúť. Medzitým rozmixujte 350 g jahôd na pyré a potom ich preceďte cez sitko, aby ste odstránili jadierka. Vaječné žĺtky a cukor vyšľaháme do svetlej a tmavej farby a zmes začne vytekať v pásoch z šľahača. Zmiešame pyré, citrónovú šťavu a želatínu. Smotanu vyšľaháme dotuha, potom vmiešame polovicu zmesi. Čistým šľahačom a miskou vyšľaháme z bielkov tuhý sneh, ktorý potom pridáme k zmesi.

Piškótu vodorovne prekrojíme na polovicu a polovicu položíme na dno čistej tortovej formy (formy) pokrytej potravinárskou fóliou (igelitom). Zvyšné jahody nakrájajte a poukladajte na piškótové cesto, potom ozdobte ochuteným krémom a nakoniec druhou vrstvou torty. Stlačte veľmi jemne. Dajte do chladničky, kým stuhne.

Na servírovanie prevráťte koláč na servírovací tanier a odstráňte potravinovú fóliu (plastový obal). Ozdobte zvyšným krémom a ozdobte mandľami.

veľkonočný klobúkový koláč

Urobí tortu 8"/20 cm

75 g/3 oz/1/3 šálky muscovado cukru

3 vajcia

75 g/3 oz/¾ šálky samokypriace múky (samokysnutie)

15 ml/1 polievková lyžica kakaového prášku (nesladená čokoláda)

15 ml / 1 polievková lyžica teplej vody

Na náplň:
2 oz/¼ šálky/50 g masla alebo margarínu, zmäkčené

3 oz/½ šálky/75 g práškového cukru, preosiateho

Na ozdobu:
100 g/4 oz/1 šálka hladkej čokolády (polosladká)

25 g/1 oz/2 lyžice masla alebo margarínu

Stuha alebo cukrové kvety (voliteľné)

V žiaruvzdornej miske umiestnenej nad hrncom s vriacou vodou vyšľaháme cukor a vajcia. Pokračujte v šľahaní, kým nie je zmes hustá a krémová. Nechajte niekoľko minút postáť, potom odstráňte z ohňa a znova šľahajte, kým zmes nezanechá po vybratí metly pruhy. Zmiešame múku a kakao, potom zmiešame s vodou. Zmes nalejte do vymastenej a vysypanej tortovej formy 8 palcov/20 cm a vymastenej a vystlanej tortovej formy 6 palcov/15 cm. Pečte v predhriatej rúre pri 200 °C/400 °F/termostat 6 15-20 minút, kým nie sú dobre nafúknuté a pevné. Nechajte vychladnúť na mriežke.

Na prípravu plnky vyšľaháme margarín a práškový cukor. Použite malý koláč na sendvič na ten väčší.

Na prípravu plnky rozpustite čokoládu a maslo alebo margarín v žiaruvzdornej miske umiestnenej nad hrncom s vriacou vodou. Plnku vylejeme na tortu a nožom namočeným v horúcej vode ju rozotrieme, aby bola celá zakrytá. Okraje ozdobte stuhou alebo cukrovými kvetmi.

Veľkonočný koláč Simnel

Urobí tortu 8"/20 cm

8 oz/1 šálka masla alebo margarínu, zmäkčeného

225 g/8 oz/1 šálka mäkkého hnedého cukru

Nastrúhaná kôra z 1 citróna

4 miešané vajíčka

225 g/8 oz/2 šálky hladkej múky (univerzálne)

5 ml/1 čajová lyžička sódy bikarbóny

2,5 ml/½ čajovej lyžičky strúhaného kokosu

50 g/2 oz/½ šálky kukuričnej múky (kukuričný škrob)

100 g/4 oz/2/3 šálky hrozienok (zlaté hrozienka)

100 g/4 oz/2/3 šálky hrozienok

75 g/3 oz/½ šálky ríbezlí

100 g/4 oz/½ šálky čerešní (kandidovaných), nasekaných

25g/1oz/¼ šálky mletých mandlí

450 g / 1 lb mandľového masla

30 ml/2 lyžice marhuľového džemu (v obchode)

1 vyšľahaný vaječný bielok

Maslo alebo margarín, cukor a citrónovú kôru vyšľahajte, až kým nebude bledá a nadýchaná. Pomaly vmiešajte vajcia, potom vmiešajte múku, prášok do pečiva, muškátový oriešok a kukuričný škrob. Primiešame ovocie a mandle. Polovicu zmesi vylejeme do vymastenej a vysypanej tortovej formy (20 cm). Polovicu marcipánu rozvaľkáme na tortovú veľkosť a poukladáme na zmes. Naplňte zvyškom zmesi a pečte v predhriatej rúre na 160 °C/325 °F/termostat 3 dozlatista 2 až 2 ½ hodiny. Osviežime ju v miske. Po vychladnutí vyberieme z formy a zabalíme do pergamenového papiera (povoskovaného). Ak je to možné, skladujte vo vzduchotesnej nádobe až tri týždne, aby dozrel.

Na dokončenie koláča natrieme džem. Tri štvrtiny zvyšného marcipánu rozvaľkáme na kruh s priemerom 8/20 cm, okraje uhladíme a položíme na tortu. Zo zvyšného marcipánu urobte 11 guličiek (ktoré budú predstavovať judaistických učeníkov). Vrch torty potrieme rozšľahaným bielkom a guličky poukladáme na boky torty, potom potrieme bielkom. Umiestnite pod horúci brojler asi minútu, kým jemne nezhnedne.

Torta dvanástej noci

Urobí tortu 8"/20 cm

8 oz/1 šálka masla alebo margarínu, zmäkčeného

225 g/8 oz/1 šálka mäkkého hnedého cukru

4 miešané vajíčka

225 g/8 oz/2 šálky hladkej múky (univerzálne)

5 ml/1 lyžička. mleté korenie (jablkový koláč)

175 g/6 oz/1 šálka hrozienok (zlaté hrozienka)

100 g/4 oz/2/3 šálky hrozienok

75 g/3 oz/½ šálky ríbezlí

50 g/2 oz/¼ šálky čerešní (kandizované)

2 oz/50 g/1/3 šálky zmiešanej (kandizovanej) kôry, nasekanej

30 ml/2 polievkové lyžice mlieka

12 sviečok na ozdobenie

Maslo alebo margarín a cukor vyšľahajte do bledej a nadýchanej hmoty. Postupne rozšľahajte vajcia, potom vmiešajte múku, zmiešané korenie, ovocie a kôru a miešajte, kým sa dobre nerozmieša, ak je to potrebné, pridajte trochu mlieka, aby ste získali hladkú zmes. Nalejte do maslom vymastenej a vystlanej tortovej formy s priemerom 8 palcov/20 cm a pečte v predhriatej rúre na 180 °C/350 °F/termostat 4 2 hodiny, kým špáradlo zasunuté do stredu nevyjde čisté. Odísť

Jablkový koláč z mikrovlnky

Vytvára štvorec 9"/23 cm

100 g/4 oz/½ šálky masla alebo margarínu, zmäkčeného

100 g/4 oz/½ šálky mäkkého hnedého cukru

30 ml/2 polievkové lyžice. lyžica zlatého sirupu (svetlá kukurica)

2 vajcia, zľahka rozšľahané

225 g/8 oz/2 šálky samokyprijúcej múky (samokypriacia)

10 ml/2 polievkové lyžice. mleté korenie (jablkový koláč)

120 ml/4 fl oz/½ šálky mlieka

2 upečené (koláčové) jablká, ošúpané, zbavené jadrovníkov a nakrájané na tenké plátky

15 ml/1 polievková lyžica práškového cukru (veľmi jemný)

5 ml/1 lyžička. mletá škorica

Maslo alebo margarín, hnedý cukor a sirup vyšľahajte, až kým nebude bledý a nadýchaný. Postupne pridávame vajíčka. Vmiešame múku a zmes korenia, potom vmiešame mlieko do hladka. Zmiešajte jablká. Nalejte do vymastenej, vystlanej, 9 cm/23 cm pripravenej formy na šišky (rúrkovej formy) vhodnej do mikrovlnnej rúry a vložte do mikrovlnnej rúry na stredný výkon 12 minút, kým nebude stuhnutá. Necháme 5 minút postáť, potom obrátime a posypeme práškovým cukrom a škoricou.

Jablkový koláč z mikrovlnky

Urobí tortu 8"/20 cm

100 g/4 oz/½ šálky masla alebo margarínu, zmäkčeného

175 g/6 oz/¾ šálky mäkkého hnedého cukru

1 vajce, zľahka rozšľahané

175 g/6 oz/1½ šálky hladkej múky (univerzálne)

2,5 ml/½ čajovej lyžičky sódy bikarbóny

štipka soli

2,5 ml/½ lyžičky. mleté nové korenie

1,5 ml/¼ lyžičky strúhaného kokosu

1,5 ml/¼ čajovej lyžičky mletých klinčekov

½ pt/1 ¼ šálky/300 ml nesladenej jablkovej omáčky (omáčka)

75 g/3 oz/½ šálky hrozienok

Práškový cukor na posypanie (na marshmallows)

Maslo alebo margarín a hnedý cukor vyšľahajte, kým nebudú svetlé a nadýchané. Postupne pridajte vajíčko, potom pridajte múku, prášok do pečiva, soľ a korenie, striedavo s jablkovým pretlakom a hrozienkami. Nalejte do vymasteného a múkou vysypaného štvorcového plechu do mikrovlnnej rúry s veľkosťou 8 palcov/20 cm a vložte do mikrovlnnej rúry na High 12 minút. Necháme vychladnúť na plechu, potom nakrájame na štvorce a posypeme práškovým cukrom.

Jablkový a lieskový koláč v mikrovlnnej rúre

Urobí tortu 8"/20 cm

6 oz/¾ šálky/175 g masla alebo margarínu, zmäknuté

100 g/4 oz/½ šálky práškového cukru (veľmi jemného)

3 vajcia, zľahka rozšľahané

30 ml/2 polievkové lyžice. lyžica zlatého sirupu (svetlá kukurica)

Nastrúhaná kôra a šťava z 1 citróna

175 g/6 oz/1½ šálky samokypriace múky (samokypriacia)

50 g nasekaných vlašských orechov

1 jablko (ako dezert), ošúpané, zbavené jadier a nakrájané

100 g/4 oz/2/3 šálky práškového cukru (cukor)

30 ml/2 polievkové lyžice citrónovej šťavy

15 ml/1 polievková lyžica vody

Polovica vlašských orechov na ozdobu

Maslo alebo margarín a práškový cukor spolu vyšľahajte do svetlej a nadýchanej hmoty. Postupne pridajte vajcia, potom sirup, citrónovú kôru a vodu. Zmiešame múku, nasekané vlašské orechy a jablko. Nalejte do vymastenej 8-palcovej/20 cm okrúhlej misky do mikrovlnnej rúry a vložte do mikrovlnnej rúry na High 4 minúty. Vyberte z rúry a prikryte hliníkovou fóliou. necháme vychladnúť. Práškový cukor zmiešame s citrónovou šťavou a takým množstvom vody, aby vznikla hladká glazúra (poleva). Natrieme na tortu a ozdobíme kúskami vlašských orechov.

Mrkvový koláč z mikrovlnnej rúry

Urobí tortu 7"/18 cm

100 g/4 oz/½ šálky masla alebo margarínu, zmäkčeného

100 g/4 oz/½ šálky mäkkého hnedého cukru

2 miešané vajíčka

Nastrúhaná kôra a šťava z 1 pomaranča

2,5 ml/½ lyžičky. mletá škorica

Štipka strúhaného kokosu

100 g strúhanej mrkvy

100 g/4 oz/1 šálka samokyprijúcej (samokypriaci) múky

25g/1oz/¼ šálky mletých mandlí

25g/1oz/2 lyžice práškového cukru (veľmi jemný)

Na ozdobu:

100 g/4 oz/½ šálky smotanového syra

1/3 šálky/2 oz/50 g práškového cukru (na cukrovinky), preosiateho

30 ml/2 polievkové lyžice citrónovej šťavy

Vyšľaháme maslo s cukrom do svetlej a nadýchanej hmoty. Pomaly pridajte vajcia, potom pridajte pomarančovú šťavu a kôru, korenie a mrkvu. Zmiešame múku, mandle a cukor. Vylejeme do maslom vymastenej a vystlanej tortovej formy s priemerom 18 cm/7 a prikryjeme potravinovou fóliou (igelitom). Zapnite mikrovlnnú rúru na High po dobu 8 minút, kým špáradlo vložené do stredu nevyjde čisté. Odstráňte potravinovú fóliu a nechajte 8 minút odpočívať pred vybratím z formy na mriežke, aby ste dokončili chladenie. Suroviny na plnku vyšľaháme a natrieme na vychladnutý koláč.

Mrkvový, ananásový a orechový koláč v mikrovlnnej rúre

Urobí tortu 8"/20 cm

225 g/8 oz/1 šálka práškového cukru (veľmi jemného)

2 vajcia

120 ml/4 fl oz/½ šálky oleja

1,5 ml/¼ lyžičky soli

5 ml/1 čajová lyžička sódy bikarbóny (jedlej sódy)

100 g/4 oz/1 šálka samokyprijúcej (samokypriaci) múky

5 ml/1 lyžička. mletá škorica

6 oz/175 g mrkvy, strúhanej

75 g nasekaných vlašských orechov

s 225 g/8 oz drveného ananásového džúsu

Na polevu (polevu):
15 g/½ oz/1 polievková lyžica. lyžice masla alebo margarínu

50 g/2 oz/¼ šálky smotanového syra

10 ml/2 čajové lyžičky citrónovej šťavy

Práškový cukor (cukrovinky), preosiaty

Veľkú kruhovú panvicu (rúrkovú panvicu) vysteľte pergamenovým papierom. Cukor, vajcia a olej vyšľaháme. Suché ingrediencie jemne premiešajte, kým sa dobre nepremiešajú. Pridajte zvyšné ingrediencie na koláč a premiešajte. Nalejte zmes do pripravenej panvice, položte na mriežku alebo obrátenú dosku a vložte do mikrovlnnej rúry na vysoký výkon 13 minút alebo do úplného stuhnutia. Nechajte 5 minút postáť, potom vyberte na mriežku, aby vychladla.

Medzitým si pripravte krémeš. Vložte maslo alebo margarín, smotanový syr a citrónovú šťavu do misky a vložte do mikrovlnnej rúry na 30-40 sekúnd. Postupne vmiešame toľko práškového cukru, aby sme dosiahli hustú konzistenciu a šľaháme do nadýchanej hmoty. Keď koláč vychladne, natrieme ho na puding.

Pikantné otrubové muffiny v mikrovlnnej rúre

dať 15

75 g/3 oz/¾ šálky celozrnných obilnín

250 ml/8 fl oz/1 šálka mlieka

175 g/6 oz/1½ šálky hladkej múky (univerzálne)

75 g/3 oz/1/3 šálky práškového cukru (veľmi jemného)

10 ml/2 čajové lyžičky sódy bikarbóny

10 ml/2 polievkové lyžice. mleté korenie (jablkový koláč)

štipka soli

60 ml/4 lyžičky polievkové lyžice zlatého sirupu (svetlá kukurica)

45 ml/3 polievkové lyžice oleja

1 vajce, zľahka rozšľahané

75 g/3 oz/½ šálky hrozienok

15 ml / 1 polievková lyžica strúhanej pomarančovej kôry

Namočte zrná na 10 minút do mlieka. Zmiešajte múku, cukor, prášok do pečiva, zmiešané korenie a soľ a potom zamiešajte do zŕn. Vmiešame sirup, olej, vajíčko, hrozienka a pomarančovú kôru. Nalejte do papierových košíčkov (papiere na košíčky) a dajte do mikrovlnnej rúry naraz päť košíčkov na vysoký výkon 4 minúty. Opakujte pre zostávajúce koláče.

Mučenkový banánový tvarohový koláč z mikrovlnnej rúry

Urobí tortu 9"/23 cm

100 g/4 oz/½ šálky masla alebo margarínu, rozpusteného

175 g/6 oz/1½ šálky perníkových omrviniek

250 g/9 oz/veľká 1 šálka smotanového syra

6 fl oz/¾ šálky sladkej a kyslej smotany

2 vajcia, zľahka rozšľahané

100 g/4 oz/½ šálky práškového cukru (veľmi jemného)

Nastrúhaná kôra a šťava z 1 citróna

¼ pt/2/3 šálky/150 ml šľahačky

1 banán, nakrájaný na plátky

1 mučenka, nakrájaná

Zmiešajte maslo alebo margarín a omrvinky zo sušienok a vtlačte na dno a boky 9-palcovej/23 cm formy na koláč vhodný do mikrovlnnej rúry. Mikrovlnná rúra pri vysokom výkone 1 minútu. necháme vychladnúť.

> Smotanový syr a kyslú smotanu vyšľahajte do hladka, potom pridajte vajcia, cukor a citrónovú šťavu a kôru. Nalejte do základu a rovnomerne rozotrite. **Varte 8 minút na strednom ohni. necháme vychladnúť.**

Smotanu vyšľaháme dotuha a potom ju rozotrieme po miske. Ozdobíme plátkami banánu a polejeme dužinou z marakuje.

Pomarančový tvarohový koláč v mikrovlnnej rúre

Urobí tortu 8"/20 cm

2 oz/¼ šálky/50 g masla alebo margarínu

12 tráviacich sušienok (grahamových sušienok), rozdrvených

100 g/4 oz/½ šálky práškového cukru (veľmi jemného)

225 g/8 oz/1 šálka smotanového syra

2 vajcia

30 ml/2 polievkové lyžice koncentrovanej pomarančovej šťavy

15 ml / 1 polievková lyžica citrónovej šťavy

150 ml/¼ pt/2/3 šálky kyslej smotany (mlieka)

štipka soli

1 pomaranč

30 ml/2 lyžice marhuľového džemu (v obchode)

¼ pt/2/3 šálky/150 ml dvojitej smotany (ťažká)

Maslo alebo margarín rozpustite v 8-palcovej/20-centimetrovej nádobe v mikrovlnnej rúre pri vysokom výkone po dobu 1 minúty. Zmiešajte sušienky a 25 g/1 oz/2 polievkové lyžice cukru a zatlačte na dno a boky taniera. Syr rozšľahajte so zvyšným cukrom a vajíčkami, potom pridajte pomarančovú a citrónovú šťavu, kyslú smotanu a soľ. Nalejte do obalu (kôrky) a vložte do mikrovlnnej rúry na vysoký výkon na 2 minúty. Nechajte 2 minúty postáť a potom ešte 2 minúty mikrovlnku na vysoký výkon. Nechajte 1 minútu postáť a potom 1 minútu mikrovlnná rúra pri vysokom výkone. necháme vychladnúť.

Pomaranč ošúpeme a pomocou ostrého noža odstránime plátky zo šupky. Džem rozpustíme a potrieme vrch tvarohového koláča. Vyšľahajte smotanu a potiahnite boky cheesecaku, potom ozdobte plátkami pomaranča.

Ananásový tvarohový koláč v mikrovlnnej rúre

Urobí tortu 9"/23 cm

100 g/4 oz/½ šálky masla alebo margarínu, rozpusteného

175 g/6 oz/1½ šálky strúhanky na tráviace sušienky (grahamové sušienky)

250 g/9 oz/veľká 1 šálka smotanového syra

2 vajcia, zľahka rozšľahané

5 ml/1 lyžička. strúhaná citrónová kôra

30 ml/2 polievkové lyžice citrónovej šťavy

75 g/3 oz/1/3 šálky práškového cukru (veľmi jemného)

14 oz/1 veľká konzerva ananásu, scedený a roztlačený

¼ pt/2/3 šálky/150 ml dvojitej smotany (ťažká)

Zmiešajte maslo alebo margarín a omrvinky zo sušienok a vtlačte na dno a boky 9-palcovej/23 cm formy na koláč vhodný do mikrovlnnej rúry. Mikrovlnná rúra pri vysokom výkone 1 minútu. necháme vychladnúť.

> Smotanový syr, vajcia, citrónovú kôru a vodu a cukor vyšľaháme dohladka. Vmiešame ananás a nalejeme do základu. Mikrovlnná rúra na strednom výkone po dobu 6 minút, kým nebude pevná. necháme vychladnúť.

Smotanu vyšľaháme dotuha, potom nalejeme na cheesecake.

Orechový čerešňový chlieb do mikrovlnnej rúry

Urobí 900 g / 2 lb bochník

6 oz/¾ šálky/175 g masla alebo margarínu, zmäknuté

175 g/6 oz/¾ šálky mäkkého hnedého cukru

3 miešané vajíčka

225 g/8 oz/2 šálky hladkej múky (univerzálne)

10 ml/2 čajové lyžičky sódy bikarbóny

štipka soli

45 ml/3 polievkové lyžice mlieka

75 g/3 oz/1/3 šálky čerešní (kandizované)

75 g/3 oz/¾ šálky nasekaných zmiešaných orechov

1 oz/3 polievkové lyžice/25 g práškového cukru, preosiateho

Maslo alebo margarín a hnedý cukor vyšľahajte, kým nebudú svetlé a nadýchané. Postupne primiešame vajíčka, potom vmiešame múku, prášok do pečiva a soľ. Vmiešajte toľko mlieka, aby ste získali hladkú konzistenciu, a potom vmiešajte čerešne a lieskové orechy. Nalejte do vymastenej a vysypanej 900 g ošatky vhodnej do mikrovlnnej rúry a posypte cukrom. Mikrovlnná rúra pri vysokom výkone 7 minút. Nechajte 5 minút postáť, potom vyberte z formy na mriežke, aby ste dokončili chladenie.

mikrovlnná čokoládová torta

Urobí tortu 7"/18 cm

8 oz/1 šálka masla alebo margarínu, zmäkčeného

175 g/6 oz/¾ šálky práškového cukru (veľmi jemného)

150 g/5 oz/1 ¼ šálky samokyprijúcej múky (samokypriacia)

50 g/2 oz/¼ šálky kakaového (nesladeného čokoládového) prášku

5 ml/1 čajová lyžička sódy bikarbóny

3 miešané vajíčka

45 ml/3 polievkové lyžice mlieka

Všetky ingrediencie zmiešame a nalejeme na vymastený a vysypaný plech s priemerom 7 cm/7 cm do mikrovlnnej rúry. Mikrovlnná rúra na vysokej úrovni po dobu 9 minút, kým nebude pevná na dotyk. Nechajte vychladnúť na panvici 5 minút, potom vyberte z formy na mriežku, aby ste dokončili chladenie.

Čokoládová mandľová torta do mikrovlnnej rúry

Urobí tortu 8"/20 cm

Na tortu:

100 g/4 oz/½ šálky masla alebo margarínu, zmäkčeného

100 g/4 oz/½ šálky práškového cukru (veľmi jemného)

2 vajcia, zľahka rozšľahané

100 g/4 oz/1 šálka samokyprijúcej (samokypriaci) múky

50 g/2 oz/½ šálky kakaového (nesladeného čokoládového) prášku

50 g/2 oz/½ šálky mletých mandlí

150 ml/¼ pt/2/3 šálky mlieka

60 ml/4 lyžičky polievkové lyžice zlatého sirupu (svetlá kukurica)

Na polevu (polevu):

100 g/4 oz/1 šálka hladkej čokolády (polosladká)

25 g/1 oz/2 lyžice masla alebo margarínu

8 celých mandlí

Pri príprave koláča smotajte maslo alebo margarín a cukor, až kým nebude svetlý a nadýchaný. Postupne pridávame vajcia, potom múku a kakao, potom mleté mandle. Pridajte mlieko a sirup a šľahajte, kým nie sú svetlé a nadýchané. Nalejte do 8-palcovej/20 cm nádoby vhodnej do mikrovlnnej rúry vystlanej potravinovou fóliou (plastovou fóliou) a vložte do mikrovlnnej rúry na vysoký výkon 4 minúty. Vyberte z rúry, prikryte fóliou a nechajte mierne vychladnúť, potom vyberte z formy na mriežke, aby ste dokončili chladenie.

Na prípravu polevy roztopte čokoládu a maslo alebo margarín na vysokej teplote na 2 minúty. Dobre prešľahajte. Mandle ponorte do polovice čokolády a potom ich nechajte odpočívať na kúsku (voskovaného) pergamenového papiera. Nalejte zvyšný puding na koláč a rozotrite na vrch a boky. Ozdobíme mandľami a necháme odležať.

Dvojitá čokoládová torta do mikrovlnnej rúry

dať 8

1¼ šálky/5 oz/150 g hladkej čokolády (polosusladkej), nahrubo nasekanej

75 g/3 oz/1/3 šálky masla alebo margarínu

175 g/6 oz/¾ šálky mäkkého hnedého cukru

2 vajcia, zľahka rozšľahané

150 g/5 oz/1 ¼ šálky hladkej múky (univerzálne)

2,5 ml/½ čajovej lyžičky sódy bikarbóny

2,5 ml/½ čajovej lyžičky vanilkového extraktu

30 ml/2 polievkové lyžice mlieka

Roztopte ½ šálky/2 oz/50 g čokolády s maslom alebo margarínom na 2 minúty. Vmiešame cukor a vajcia, potom zmiešame múku, prášok do pečiva, vanilkový extrakt a mlieko do hladka. Nalejte do vymastenej štvorcovej nádoby s veľkosťou 8 palcov/20 cm a vložte do mikrovlnnej rúry na 7 minút pri vysokej teplote. Necháme 10 minút vychladnúť na panvici. Zvyšnú čokoládu roztopte na prudkom ohni 1 minútu, potom natrite na koláč a nechajte vychladnúť. Nakrájajte na štvorce.

Čokolády s datľami do mikrovlnky

dať 8

2 oz / 1/3 šálky vykôstkovaných datlí (bez semien), nasekaných

60 ml/4 polievkové lyžice vriacej vody

2½ oz/65 g 1/3 šálky masla alebo margarínu, zmäknuté

225 g/8 oz/1 šálka práškového cukru (veľmi jemného)

1 vajce

100 g/4 oz/1 šálka hladkej múky (univerzálne)

10 ml/2 polievkové lyžice. kakaový prášok (nesladená čokoláda)

2,5 ml/½ čajovej lyžičky sódy bikarbóny

štipka soli

25 g/1 oz/¼ šálky nasekaných zmiešaných orechov

100 g/4 oz/1 šálka hladkej (polosladkej) čokolády nasekanej nadrobno

Datle zmiešame s vriacou vodou a necháme vychladnúť. Maslo alebo margarín vyšľahajte s polovicou cukru, kým nebude svetlý a nadýchaný. Postupne vmiešame vajíčko, potom striedavo múku, kakao, prášok do pečiva a soľ a datlovú zmes. Vylejeme na maslom vymastený a múkou vysypaný štvorcový plech do mikrovlnnej rúry s priemerom 20 cm. Zvyšný cukor zmiešame s lieskovými orieškami a čokoládou a jemne pritlačíme navrch. Mikrovlnná rúra na vysoký výkon po dobu 8 minút. Pred krájaním na štvorce necháme vychladnúť na plechu.

mikrovlnné čokoládové štvorčeky

dáva 16

Na tortu:

2 oz/¼ šálky/50 g masla alebo margarínu

5 ml/1 lyžička. práškový cukor (veľmi jemný)

75 g/3 oz/¾ šálky hladkej múky (univerzálne)

1 žĺtok

15 ml/1 polievková lyžica vody

175 g/6 oz/1 ½ šálky hladkej (polosladkej) čokolády, strúhanej alebo jemne nasekanej

Na ozdobu:

50 g /2 oz/¼ šálky masla alebo margarínu

50 g/2 oz/¼ šálky práškového cukru (veľmi jemného)

1 vajce

2,5 ml/½ čajovej lyžičky vanilkového extraktu

100 g/4 oz/1 šálka vlašských orechov, nasekaných

Na výrobu koláča zmäknite maslo alebo margarín a zmiešajte ho s cukrom, múkou, žĺtkom a vodou. Zmes rovnomerne rozložte do štvorcovej misky s veľkosťou 8 palcov/20 cm a vložte do mikrovlnnej rúry na 2 minúty na High. Posypeme čokoládou a vložíme do mikrovlnnej rúry na 1 minútu. Rovnomerne rozotrieme na základňu a necháme stuhnúť.

Na plnenie zohrejte maslo alebo margarín v mikrovlnnej rúre na vysokej teplote po dobu 30 sekúnd. Pridáme zvyšné ingrediencie a rozotrieme na čokoládu. Mikrovlnná rúra na vysoký výkon po dobu 5 minút. Necháme vychladnúť a potom nakrájame na štvorce.

Rýchly kávový koláč v mikrovlnnej rúre

Urobí tortu 7"/19 cm

Na tortu:

8 oz/1 šálka masla alebo margarínu, zmäkčeného

225 g/8 oz/1 šálka práškového cukru (veľmi jemného)

225 g/8 oz/2 šálky samokyprijúcej múky (samokypriacia)

5 vajec

45 ml/3 polievkové lyžice kávového extraktu

Na polevu (polevu):

30 ml/2 polievkové lyžice kávového extraktu

175 g/6 oz/¾ šálky masla alebo margarínu

Práškový cukor (cukrovinky), preosiaty

Polovica vlašských orechov na ozdobu

Miešajte, kým sa všetky zložky koláča dobre nezmiešajú. Rozdeľte medzi dve formičky na muffiny s priemerom 7 cm/19 cm a vložte do mikrovlnnej rúry na High po dobu 5-6 minút. Vyberte z mikrovlnnej rúry a nechajte vychladnúť.

Suroviny na polevu zmiešame, osladíme práškovým cukrom. Po vychladnutí koláčiky obložíme polovicou krému a zvyšok natrieme na vrch. Ozdobte polovicou vlašských orechov.

Vianočná torta z mikrovlnky

Urobí tortu 9"/23 cm

2/3 šálky/5 oz/150 g masla alebo margarínu, zmäknuté

2/3 šálky/5 uncí/150 g mäkkého hnedého cukru

3 vajcia

30 ml/2 polievkové lyžice melasy (melasy)

225 g/8 oz/2 šálky samokyprijúcej múky (samokypriacia)

10 ml/2 polievkové lyžice. mleté korenie (jablkový koláč)

2,5 ml/½ lyžičky. strúhaný kokos

2,5 ml/½ čajovej lyžičky sódy bikarbóny (jedlej sódy)

450 g/1 lb/22/3 šálky zmiešaného sušeného ovocia (zmes ovocných koláčov)

50 g/2 oz/¼ šálky čerešní (kandizované)

2 oz/50 g/1/3 šálky nasekanej zmiešanej chuti

50 g/2 oz/½ šálky nasekaných zmiešaných orechov

30 ml/2 polievkové lyžice koňaku

Ďalšie brandy na dozretie koláča (voliteľné)

Maslo alebo margarín a cukor vyšľahajte do svetlej a nadýchanej hmoty. Pomaly vyšľaháme vajcia a melasu, potom vmiešame múku, korenie a prášok do pečiva. Jemne premiešajte ovocie, kôru a orechy, potom pridajte koňak. Nalejte do misky s priemerom 9 cm/23 cm a vložte do mikrovlnnej rúry na nízky výkon 45 až 60 minút. Pred vybratím z formy nechajte na plechu 15 minút vychladnúť, aby ste dokončili chladenie.

Po vychladnutí tortu zabalíme do fólie a uložíme na 2 týždne na chladné a tmavé miesto. Ak chcete, vrch koláča niekoľkokrát prepichnite tenkou špajdľou a posypte trochou brandy navyše, potom koláč znova zabaľte a uchovajte. Môžete to urobiť niekoľkokrát, aby ste vytvorili bohatší koláč.

Crumb Cake z mikrovlnnej rúry

Urobí tortu 8"/20 cm

10 oz/300 g/1 ¼ šálky práškového cukru (veľmi jemný)

225 g/8 oz/2 šálky hladkej múky (univerzálne)

10 ml/2 čajové lyžičky sódy bikarbóny

5 ml/1 lyžička. mletá škorica

100 g/4 oz/½ šálky masla alebo margarínu, zmäkčeného

2 vajcia, zľahka rozšľahané

3½ fl oz/6½ čajovej lyžičky/100 ml mlieka

Zmiešame cukor, múku, prášok do pečiva a škoricu. Spustite maslo alebo margarín a potom si odložte štvrtinu zmesi. Vajcia a mlieko zmiešame a zašľaháme väčšiu porciu tortovej zmesi. Zmes vylejeme na vymastený a múkou vysypaný plech na mikrovlnnú rúru s priemerom 8/20 cm a posypeme odloženou rozdrobenou zmesou. Mikrovlnná rúra pri vysokom výkone 10 minút. Nechajte vychladnúť v nádobe.

datlové tyčinky do mikrovlnky

dať 12

150 g/5 oz/1 ¼ šálky samokyprijúcej múky (samokypriacia)

175 g/6 oz/¾ šálky práškového cukru (veľmi jemného)

100 g/4 oz/1 šálka sušeného kokosu (strúhaného)

2/3 šálky/100 g vykôstkovaných datlí, nasekaných

50 g/2 oz/½ šálky nasekaných zmiešaných orechov

100 g/4 oz/½ šálky masla alebo margarínu, rozpusteného

1 vajce, zľahka rozšľahané

Práškový cukor na posypanie (na marshmallows)

Suché ingrediencie spolu zmiešame. Pridajte maslo alebo margarín a vajce a miešajte, kým nezískate tuhé cesto. Zatlačte na spodok 8-palcového/20-cm štvorcového taniera vhodného do mikrovlnnej rúry a vložte do mikrovlnnej rúry na stredný výkon počas 8 minút, kým úplne nestuhne. Nechajte 10 minút odpočívať na doske, potom nakrájajte na tyčinky a vyberte z formy na mriežke, aby ste dokončili chladenie.

Figový chlieb v mikrovlnke

Vyrobí 1½ lb/675 g bochníka

100 g/4 oz/2 šálky otrúb

50 g/2 oz/¼ šálky mäkkého hnedého cukru

45 ml/3 polievkové lyžice čistého medu

2/3 šálky/100 g sušených fíg, nasekaných

50 g/2 oz/½ šálky nasekaných lieskových orechov

300 ml/½ bodu/1¼ šálky mlieka

100 g/4 oz/1 šálka celozrnnej múky (celozrnnej)

10 ml/2 čajové lyžičky sódy bikarbóny

štipka soli

Všetky ingrediencie rozdrvte na tvrdú pastu. Vytvorte muffinový plech v mikrovlnnej rúre a uhlaďte povrch. Mikrovlnná rúra na vysokej úrovni po dobu 7 minút. Nechajte vychladnúť na panvici 10 minút, potom vyberte z formy na mriežku, aby ste dokončili chladenie.

ovocný koláč z mikrovlnky

Urobí tortu 7"/18 cm

6 oz/¾ šálky/175 g masla alebo margarínu, zmäknuté

175 g/6 oz/¾ šálky práškového cukru (veľmi jemného)

Nastrúhaná kôra z 1 citróna

3 miešané vajíčka

225 g/8 oz/2 šálky hladkej múky (univerzálne)

5 ml/1 lyžička. mleté korenie (jablkový koláč)

8 oz/11/3 šálky hrozienok

225 g/8 oz/11/3 šálky hrozienok (zlaté hrozienka)

50 g/2 oz/¼ šálky čerešní (kandizované)

50 g/2 oz/½ šálky nasekaných zmiešaných orechov

15 ml/1 čajová lyžička lyžice zlatého sirupu (svetlá kukurica)

45 ml/3 polievkové lyžice. Cognac

Maslo alebo margarín a cukor vyšľahajte do svetlej a nadýchanej hmoty. Vmiešame citrónovú kôru, potom postupne pridávame vajíčka. Vmiešame múku a zmiešané koreniny, potom vmiešame zvyšné ingrediencie. Nalejte do vymastenej a vystlanej okrúhlej misky do mikrovlnnej rúry s priemerom 7 cm/18 cm a pečte pri nízkom výkone 35 minút, kým špáradlo zasunuté do stredu nevyjde čisté. Nechajte vychladnúť na panvici 10 minút, potom vyberte z formy na mriežku, aby ste dokončili chladenie.

Kokosové ovocné štvorčeky do mikrovlnnej rúry

dať 8

2 oz/¼ šálky/50 g masla alebo margarínu

9 tráviacich sušienok (grahamových sušienok), rozdrvených

50 g/2 oz/½ šálky sušeného kokosu (strúhaného)

2/3 šálky/100 g rozmixovanej (kandizovanej) kôry, nasekanej

2 oz / 1/3 šálky vykôstkovaných datlí (bez semien), nasekaných

15 ml/1 lyžička lyžice hladkej múky (univerzálne)

25 g/1oz/2 polievkové lyžice. lyžica glazúrovaných čerešní (kandizovaných), nasekaných

100 g/4 oz/1 šálka vlašských orechov, nasekaných

150 ml/¼ pt/2/3 šálky kondenzovaného mlieka

Maslo alebo margarín roztopte v 8-palcovej/20-cm štvorcovej mikrovlnnej rúre na High po dobu 40 sekúnd. Primiešame strúhanku a rovnomerne rozložíme na dno plechu. Posypeme kokosom, potom rozmixovanou kôrou. Datle zmiešame s múkou, čerešňami a lieskovými orieškami a posypeme ich navrch, potom zalejeme mliekom. Mikrovlnná rúra na vysoký výkon po dobu 8 minút. Necháme vychladnúť na plechu, potom krájame na štvorce.

toffee torta z mikrovlnky

Urobí tortu 8"/20 cm

150 g/5 oz/1 ¼ šálky hladkej múky (univerzálne)

5 ml/1 čajová lyžička sódy bikarbóny

Štipka sódy bikarbóny (prášok do pečiva)

štipka soli

10 oz/300 g/1 ¼ šálky práškového cukru (veľmi jemný)

2 oz/¼ šálky/50 g masla alebo margarínu, zmäkčené

250 ml/8 fl oz/1 šálka mlieka

Pár kvapiek vanilkového extraktu (esencia)

1 vajce

100 g/4 oz/1 šálka hladkej (polosladkej) čokolády, nasekanej

50 g /2 oz/ ½ šálky nasekaných zmiešaných orechov

čokoládová omáčka

Zmiešajte múku, prášok do pečiva, sódu bikarbónu a soľ. Vmiešajte cukor, potom vymiešajte maslo alebo margarín, mlieko a vanilkový extrakt, až kým nebude hladká. Rozbíjanie vajec. Zohrievajte na vysokej teplote 2 minúty, kým sa tri štvrtiny čokolády neroztopia, a potom vmiešajte do tortovej zmesi, kým nebude krémová. Primiešame orechy. Zmes rozdeľte do dvoch vymastených a múkou vysypaných misiek do mikrovlnnej rúry 8/20 cm a každú vložte do mikrovlnnej rúry zvlášť na 8 minút. Vyberte z rúry, prikryte hliníkovou fóliou a nechajte 10 minút vychladnúť, potom vyberte z formy na mriežke, aby ste dokončili chladenie. Sendvič s polovicou maslovej polevy (poleva), potom natrieme zvyšný krém na vrch a ozdobíme odloženou čokoládou.

perník do mikrovlnky

Urobí tortu 8"/20 cm

2 oz/¼ šálky/50 g masla alebo margarínu

75 g/3 oz/¼ šálky melasy z čierneho hrozna (melasa)

15 ml/1 polievková lyžica práškového cukru (veľmi jemný)

100 g/4 oz/1 šálka hladkej múky (univerzálne)

5 ml/1 lyžička. mletý zázvor

2,5 ml/½ lyžičky. mleté korenie (jablkový koláč)

2,5 ml/½ čajovej lyžičky sódy bikarbóny (jedlej sódy)

1 miešané vajce

Vložte maslo alebo margarín do misky a 30 sekúnd ho vložte do mikrovlnnej rúry. Zmiešajte melasu a cukor a 1 minútu zapnite mikrovlnnú rúru pri vysokej teplote. Pridajte múku, korenie a prášok do pečiva a premiešajte. Rozbíjanie vajec. Nalejte zmes do vymastenej nádoby s objemom 1,5 litra/2½ litra/6 šálok a vložte do mikrovlnnej rúry na 4 minúty pri vysokej teplote. Nechajte vychladnúť na panvici 5 minút, potom vyberte z formy na mriežku, aby ste dokončili chladenie.

mikrovlnné zázvorové tyčinky

dať 12

Na tortu:

2/3 šálky/5 oz/150 g masla alebo margarínu, zmäknuté

50 g/2 oz/¼ šálky práškového cukru (veľmi jemného)

100 g/4 oz/1 šálka hladkej múky (univerzálne)

2,5 ml/½ čajovej lyžičky sódy bikarbóny

5 ml/1 lyžička. mletý zázvor

Na ozdobu:

15 g/½ oz/1 polievková lyžica. lyžice masla alebo margarínu

15 ml/1 čajová lyžička lyžice zlatého sirupu (svetlá kukurica)

Pár kvapiek vanilkového extraktu (esencia)

5 ml/1 lyžička. mletý zázvor

50g/2oz/1/3 šálky práškového cukru

Pri príprave koláča smotajte maslo alebo margarín a cukor, až kým nebude svetlý a nadýchaný. Pridajte múku, prášok do pečiva a zázvor a miešajte, kým nezískate hladkú pastu. Vtlačte do 8-palcovej/20 cm štvorcovej misky vhodnej do mikrovlnnej rúry a v mikrovlnnej rúre pri strednom výkone po dobu 6 minút, kým nebude pevná.

Na prípravu plnky rozpustite maslo alebo margarín a sirup. Pridajte vanilkový extrakt, zázvor a práškový cukor a šľahajte do zhustnutia. Rovnomerne rozotrieme na horúci koláč. Necháme vychladnúť na plechu, potom nakrájame na tyčinky alebo štvorce.

zlatá torta z mikrovlnky

Urobí tortu 8"/20 cm

Na tortu:

100 g/4 oz/½ šálky masla alebo margarínu, zmäkčeného

100 g/4 oz/½ šálky práškového cukru (veľmi jemného)

2 vajcia, zľahka rozšľahané

Pár kvapiek vanilkového extraktu (esencia)

225 g/8 oz/2 šálky hladkej múky (univerzálne)

10 ml/2 čajové lyžičky sódy bikarbóny

štipka soli

60 ml/4 polievkové lyžice mlieka

Na polevu (polevu):

2 oz/¼ šálky/50 g masla alebo margarínu, zmäkčené

100 g/4 oz/2/3 šálky práškového cukru (cukor)

Pár kvapiek vanilkového extraktu (voliteľné)

Pri príprave koláča smotajte maslo alebo margarín a cukor, až kým nebude svetlý a nadýchaný. Postupne primiešame vajíčka, potom vmiešame múku, prášok do pečiva a soľ. Primiešajte toľko mlieka, aby ste získali mäkkú, klesajúcu konzistenciu. Rozdeľte na dva vymastené a múkou vysypané 8/20 cm plechy vhodné do mikrovlnnej rúry a pečte každý koláč zvlášť pri vysokej teplote 6 minút. Vyberte z rúry, prikryte hliníkovou fóliou a nechajte 5 minút vychladnúť, potom vyberte na mriežku, aby sa chladenie dokončilo.

Na prípravu krému vyšľaháme maslo alebo margarín do hladka, potom podľa potreby pridáme práškový cukor a vanilkový extrakt. Koláčiky obložíme polovicou krému a zvyšok natrieme na vrch.

Medovo-orieškový koláč v mikrovlnke

Urobí tortu 7"/18 cm

2/3 šálky/5 oz/150 g masla alebo margarínu, zmäknuté

100 g/4 oz/½ šálky mäkkého hnedého cukru

45 ml/3 polievkové lyžice čistého medu

3 miešané vajíčka

225 g/8 oz/2 šálky samokyprijúcej múky (samokypriacia)

100 g/4 oz/1 šálka mletých lieskových orechov

45 ml/3 polievkové lyžice mlieka

krémový krém

Maslo alebo margarín, cukor a med vyšľahajte do svetlej a nadýchanej hmoty. Postupne zašľaháme vajcia, potom vmiešame múku a orechy a toľko mlieka, aby sme získali hladkú konzistenciu. Nalejte do 7 cm/18 cm plechu do mikrovlnnej rúry a pečte na strednom ohni 7 minút. Nechajte vychladnúť na panvici 5 minút, potom vyberte z formy na mriežku, aby ste dokončili chladenie. Koláč prerežte vodorovne na polovicu a potom prerežte sendvič so šľahačkou (poleva).

Žuvacia tyčinka s müsli v mikrovlnnej rúre

robí asi 10

100 g/4 oz/½ šálky masla alebo margarínu

175 g/6 oz/½ šálky čistého medu

2 oz/1/3 šálky nasekaných sušených marhúľ pripravených na konzumáciu

2 oz / 1/3 šálky vykôstkovaných datlí (bez semien), nasekaných

75 g/3 oz/¾ šálky nasekaných zmiešaných orechov

100g/4oz/1 šálka ovsených vločiek

100 g/4 oz/½ šálky mäkkého hnedého cukru

1 miešané vajce

25 g / 1 oz / 2 polievkové lyžice samokypriace múky (samokypriace)

Maslo alebo margarín a med dáme do misky a varíme na vysokej teplote 2 minúty. Zmiešajte všetky zvyšné ingrediencie. Nalejte do 8-palcového/20 cm podnosu do mikrovlnnej rúry a mikrovlnnej rúry pri vysokom výkone po dobu 8 minút. Mierne vychladnite, potom nakrájajte na štvorce alebo plátky.

pistáciový koláč z mikrovlnky

Urobí tortu 8"/20 cm

150 g/5 oz/1 ¼ šálky hladkej múky (univerzálne)

štipka soli

5 ml/1 lyžička. mletá škorica

75 g/3 oz/1/3 šálky mäkkého hnedého cukru

75 g/3 oz/1/3 šálky práškového cukru (veľmi jemného)

75 ml/5 polievkových lyžíc oleja

1 oz/¼ šálky vlašských orechov, nasekaných

5 ml/1 čajová lyžička sódy bikarbóny

2,5 ml/½ čajovej lyžičky sódy bikarbóny (jedlej sódy)

1 vajce

150 ml/¼ pt/2/3 šálky tvarohu

Zmiešame múku, soľ a polovicu škorice. Vmiešajte cukry a potom vmiešajte olej, kým sa dobre nezmiešajú. Zo zmesi odoberieme 6 polievkových lyžíc/90 ml a zmiešame so zvyšnými vlašskými orechmi a škoricou. Do masy zmesi pridáme sódu bikarbónu, prášok do pečiva, vajce a mlieko a vyšľaháme dohladka. Master mix nalejte do vymasteného a múkou vysypaného 8/20 cm plechu do mikrovlnnej rúry a posypte zmesou lieskových oriešok. Mikrovlnná rúra na vysoký výkon po dobu 8 minút. Necháme na plechu 10 minút vychladnúť a horúce podávame.

Koláč z pomarančovej šťavy v mikrovlnnej rúre

Urobí tortu 8"/20 cm

2¼ šálky/9 uncí/250 g hladkej múky (univerzálne)

225g/8oz/1 šálka kryštálového cukru

15 ml/1 polievková lyžica sódy bikarbóny

2,5 ml/½ čajovej lyžičky soli

60 ml/4 polievkové lyžice oleja

250 ml/8 fl oz/2 šálky pomarančovej šťavy

2 vajcia, oddelené

100 g/4 oz/½ šálky práškového cukru (veľmi jemného)

Pomarančové maslo

oranžová glazúra

Zmiešajte múku, kryštálový cukor, prášok do pečiva, soľ, olej a polovicu pomarančového džúsu a šľahajte dohladka. Vaječný žĺtok a zvyšnú pomarančovú šťavu vyšľaháme do svetlej a nadýchanej hmoty. Z bielkov vyšľaháme tuhý sneh, potom pridáme polovicu práškového cukru a šľaháme do zhustnutia a lesku. Vmiešame zvyšný cukor a potom do tortovej zmesi vmiešame sneh z bielkov. Rozdeľte do dvoch vymastených a múkou vysypaných misiek do mikrovlnnej rúry s priemerom 8/20 cm a každú vložte do mikrovlnnej rúry zvlášť na 6-8 minút. Vyberte z rúry, prikryte hliníkovou fóliou a nechajte 5 minút vychladnúť, potom vyberte na mriežku, aby sa chladenie dokončilo.

Pavlova v mikrovlnke

Urobí tortu 9"/23 cm

4 bielka

225 g/8 oz/1 šálka práškového cukru (veľmi jemného)

2,5 ml/½ čajovej lyžičky vanilkového extraktu

Pár kvapiek vínneho octu

¼ pt/2/3 šálky/150 ml šľahačky

1 kiwi, nakrájané na plátky

100 g jahôd, nakrájaných na plátky

Vaječné bielky šľaháme, kým sa nevytvoria mäkké vrcholy. Prisypeme polovicu cukru a dobre vyšľaháme. Postupne pridávame zvyšný cukor, vanilkový extrakt a ocot a šľaháme, kým sa nerozpustí. Rozložte zmes na list pergamenu do kruhu s priemerom 23 cm/9. Mikrovlnná rúra pri vysokom výkone 2 minúty. Mikrovlnná rúra s otvoreným vekom po dobu 10 minút. Vyberte z rúry, odtrhnite papier na zadnej strane a nechajte vychladnúť. Smotanu vyšľaháme dotuha a rozotrieme na pusinky. Poukladajte naň ovocie.

mikrovlnné sušienky

Urobí tortu 8"/20 cm

225 g/8 oz/2 šálky hladkej múky (univerzálne)

15 ml/1 polievková lyžica sódy bikarbóny

50 g/2 oz/¼ šálky práškového cukru (veľmi jemného)

100 g/4 oz/½ šálky masla alebo margarínu

75 ml/5 polievkových lyžíc. lyžica jednoduchého krému (svetlého)

1 vajce

Zmiešajte múku, prášok do pečiva a cukor, potom primiešajte maslo alebo margarín, kým zmes nebude pripomínať strúhanku. Spojte smotanu a vajce a potom vmiešajte do múčnej zmesi, kým sa nevytvorí mäkké cesto. Vtlačte do vymastenej 8-palcovej/20 cm nádoby do mikrovlnnej rúry a 6 minút vložte do mikrovlnnej rúry na High. Necháme 4 minúty odpočívať, vyberieme z formy a dochladíme na mriežke.

Jahodový koláč z mikrovlnky

Urobí tortu 8"/20 cm

900g/2lb jahôd, nakrájaných na hrubé plátky

225 g/8 oz/1 šálka práškového cukru (veľmi jemného)

225 g/8 oz/2 šálky hladkej múky (univerzálne)

15 ml/1 polievková lyžica sódy bikarbóny

175 g/6 oz/¾ šálky masla alebo margarínu

75 ml/5 polievkových lyžíc. lyžica jednoduchého krému (svetlého)

1 vajce

¼ pt/2/3 šálky/150 ml dvojitej (ťažkej) smotany, šľahačka

Zmiešajte jahody so ¾ šálky/6 uncí/175 g cukru, potom dajte do chladničky aspoň na 1 hodinu.

Zmiešajte múku, prášok do pečiva a zvyšný cukor, potom primiešajte ½ šálky/4 unce/100 g masla alebo margarínu, kým sa nebude podobať strúhanke. Vmiešajte smotanu a vajce a potom vmiešajte do múčnej zmesi, kým sa nevytvorí mäkké cesto. Vtlačte do vymastenej 8-palcovej/20 cm nádoby do mikrovlnnej rúry a 6 minút vložte do mikrovlnnej rúry na High. Necháme 4 minúty odpočívať, potom vyberieme z formy a ešte horúce prekrojíme na polovice. necháme vychladnúť.

Obidva rezné plochy potrieme zvyšným maslom alebo margarínom. Na spodok rozotrieme jednu tretinu šľahačky a potom natrieme tri štvrtiny jahôd. Navrch dáme ďalšiu tretinu krému a potom navrch dáme druhý koláč. Ozdobte zvyšným krémom a jahodami.

piškótový koláč z mikrovlnky

Urobí tortu 7"/18 cm

150 g/5 oz/1 ¼ šálky samokyprijúcej múky (samokypriacia)

100 g/4 oz/½ šálky masla alebo margarínu

100 g/4 oz/½ šálky práškového cukru (veľmi jemného)

2 vajcia

30 ml/2 polievkové lyžice mlieka

Všetky ingrediencie spolu vyšľaháme do hladka. Nalejte do misky s priemerom 7 cm/18 cm a vložte do mikrovlnnej rúry na stredný výkon 6 minút. Nechajte vychladnúť na panvici 5 minút, potom vyberte z formy na mriežku, aby ste dokončili chladenie.

Sultana sa varí v mikrovlnnej rúre

dať 12

175 g/6 oz/¾ šálky masla alebo margarínu

100 g/4 oz/½ šálky práškového cukru (veľmi jemného)

15 ml/1 čajová lyžička lyžice zlatého sirupu (svetlá kukurica)

75 g/3 oz/½ šálky hrozienok (zlaté hrozienka)

5 ml/1 lyžička. strúhaná citrónová kôra

225 g/8 oz/2 šálky samokyprijúcej múky (samokypriacia)

                    Na polevu (polevu):

175 g/6 oz/1 šálka práškového cukru

30 ml/2 polievkové lyžice citrónovej šťavy

Maslo alebo margarín, práškový cukor a sirup zohrievajte na strednom výkone 2 minúty. Vmiešame hrozienka a citrónovú kôru. Primiešame múku. Nalejte do vymastenej a vystlanej štvorcovej misky s priemerom 20 cm/8 palcov a vložte do mikrovlnnej rúry na stredný výkon 8 minút, kým nestuhne. Necháme mierne vychladnúť.

Do misky vezmite práškový cukor a v strede vytvorte kaluž. Postupne pridávajte citrónovú šťavu, aby ste získali hladkú polevu. Natrieme na ešte teplý koláč, potom necháme úplne vychladnúť.

Čokoládové sušienky do mikrovlnnej rúry

dať 24

8 oz/1 šálka masla alebo margarínu, zmäkčeného

100 g/4 oz/½ šálky tmavohnedého cukru

5 ml/1 čajová lyžička vanilkového extraktu

225 g/8 oz/2 šálky samokyprijúcej múky (samokypriacia)

50 g/2 oz/½ šálky čokoládového prášku

Maslo, cukor a vanilkový extrakt spolu vyšľahajte, kým nebudú svetlé a nadýchané. Postupne pridávame múku a čokoládu a miešame do hladka. Urobte guľôčky veľkosti vlašského orecha, po šiestich ich položte na vymastený plech na pečenie vhodný do mikrovlnnej rúry (sušienky) a mierne ich zarovnajte vidličkou. Každú dávku zahrievajte 2 minúty na vysokej teplote, kým nie sú všetky sušienky upečené. Nechajte vychladnúť na mriežke.

Kokosové sušienky do mikrovlnnej rúry

dať 24

2 oz/¼ šálky/50 g masla alebo margarínu, zmäkčené

75 g/3 oz/1/3 šálky práškového cukru (veľmi jemného)

1 vajce, zľahka rozšľahané

2,5 ml/½ čajovej lyžičky vanilkového extraktu

75 g/3 oz/¾ šálky hladkej múky (univerzálne)

25g/1oz/¼ šálky sušeného kokosu (strúhaného)

štipka soli

30 ml/2 polievkové lyžice. lyžice jahodového džemu (necháme)

Maslo alebo margarín a cukor vyšľaháme do svetlej a nadýchanej hmoty. Pridajte vajce a vanilkový extrakt striedavo s múkou, kokosom a soľou a premiešajte do hladka. Vytvarujte guľôčky veľkosti vlašského orecha a po šiestich ukladajte na vymastený plech vhodný na pečenie a potom zľahka zatlačte vidličkou, aby sa sploštila. Mikrovlnná rúra pri vysokom výkone po dobu 3 minút, kým nebude pevná. Presuňte na stojan a do stredu každého koláčika položte lyžicu džemu. Opakujte so zvyšnými cookies.

Florentínky v mikrovlnke

dať 12

2 oz/¼ šálky/50 g masla alebo margarínu

50 g/2 oz/¼ šálky cukru demerara

15 ml/1 čajová lyžička lyžice zlatého sirupu (svetlá kukurica)

50 g/2 oz/¼ šálky čerešní (kandizované)

75 g nasekaných vlašských orechov

25 g/1oz/3 lyžice. lyžice hrozienok (zlaté hrozienka)

1 oz/¼ šálky strúhaných mandlí (nasekaných)

30 ml/2 polievkové lyžice. lyžice nasekanej zmiešanej (kandizovanej) kôry

25g/1oz/¼ šálky hladkej múky (univerzálne)

100 g/4 oz/1 šálka hladkej (polosladkej) čokolády, nasekanej (voliteľné)

Maslo alebo margarín, cukor a sirup zahrievajte na vysokej teplote 1 minútu, kým sa neroztopí. Vmiešajte čerešne, vlašské orechy, hrozienka a mandle, potom vmiešajte kombinovanú kôru a múku. Položte lyžičku zmesi na pergamenový (voskovaný) papier a pečte štyri na dávku pri vysokom výkone 1,5 minúty. Okraje očistíme nožom, necháme 3 minúty vychladnúť na papieri a potom preložíme na mriežku, aby sa chladenie dokončilo. Opakujte so zvyšnými cookies. Ak chcete, rozpustite čokoládu v miske na 30 sekúnd a rozložte na jednu stranu florentiek a potom odložte.

Orieškové a čerešňové sušienky do mikrovlnnej rúry

dať 24

100 g/4 oz/½ šálky masla alebo margarínu, zmäkčeného

100 g/4 oz/½ šálky práškového cukru (veľmi jemného)

1 miešané vajce

175 g/6 oz/1½ šálky hladkej múky (univerzálne)

50 g/2 oz/½ šálky mletých lieskových orechov

100 g/4 oz/½ šálky čerešní (kandizované)

Maslo alebo margarín a cukor vyšľahajte do svetlej a nadýchanej hmoty. Postupne pridávame vajce, potom múku, orechy a čerešne. Umiestnite dobre rozmiestnené lyžice na plechy na pečenie z mikrovlnnej rúry (snack) a osem sušienok (sušienok) vložte do mikrovlnnej rúry na vysoký výkon asi 2 minúty, kým nebudú pevné.

Sultánske sušienky v mikrovlnnej rúre

dať 24

225 g/8 oz/2 šálky hladkej múky (univerzálne)

5 ml/1 lyžička. mleté korenie (jablkový koláč)

6 oz/¾ šálky/175 g masla alebo margarínu, zmäknuté

100 g/4 oz/2/3 šálky hrozienok (zlaté hrozienka)

175 g/6 oz/¾ šálky cukru demerara

Zmiešajte múku a zmiešané korenie, potom zmiešajte maslo alebo margarín, hrozienka a 100 g/4 oz/½ šálky cukru, aby ste vytvorili mäkké cesto. Vytvarujte dve klobásy asi 18 cm/7 na dĺžku a vyvaľkajte zvyšný cukor. Nakrájajte na plátky a po šiestich položte na vymastený plech na pečenie vhodný do mikrovlnnej rúry (snack) a vložte do mikrovlnnej rúry na 2 minúty na High. Necháme vychladnúť na mriežke a zopakujeme so zvyšnými sušienkami (cookies).

Banánový chlieb v mikrovlnke

Vyrobí bochník s hmotnosťou 450 g/1 lb

75 g/3 oz/1/3 šálky masla alebo margarínu, zmäkčeného

175 g/6 oz/¾ šálky práškového cukru (veľmi jemného)

2 vajcia, zľahka rozšľahané

200 g/7 oz/1¾ šálky hladkej múky (univerzálne)

10 ml/2 čajové lyžičky sódy bikarbóny

2,5 ml/½ čajovej lyžičky sódy bikarbóny (jedlej sódy)

štipka soli

2 zrelé banány

15 ml / 1 polievková lyžica citrónovej šťavy

60 ml/4 polievkové lyžice mlieka

50 g nasekaných vlašských orechov

Maslo alebo margarín a cukor vyšľahajte do svetlej a nadýchanej hmoty. Postupne zašľaháme vajcia, potom vmiešame múku, prášok do pečiva, sódu bikarbónu a soľ. Banány roztlačte s citrónovou šťavou a potom vmiešajte do zmesi spolu s mliekom a orechmi. Nalejte do vymasteného a múkou vysypaného plechu na mikrovlnnú rúru (forma) s hmotnosťou 450 g/1 lb a vložte do mikrovlnnej rúry na 12 minút. Vyberte z rúry, prikryte hliníkovou fóliou a nechajte 10 minút vychladnúť, potom vyberte z formy na mriežke, aby ste dokončili chladenie.

Syrový chlieb do mikrovlnnej rúry

Vyrobí bochník s hmotnosťou 450 g/1 lb

2 oz/¼ šálky/50 g masla alebo margarínu

250 ml/8 fl oz/1 šálka mlieka

2 vajcia, zľahka rozšľahané

225 g/8 oz/2 šálky hladkej múky (univerzálne)

10 ml/2 čajové lyžičky sódy bikarbóny

10 ml/2 čajové lyžičky horčičného prášku

2,5 ml/½ čajovej lyžičky soli

175 g strúhaného syra čedar

Maslo alebo margarín roztopte v malej miske na 1 minútu. Zmiešame mlieko a vajíčko. Zmiešajte múku, prášok do pečiva, horčicu, soľ a 100 g/4 oz/1 šálku syra. Miešajte mliečnu zmes, kým sa dobre nezmieša. Nalejte do ošatky (formy) v mikrovlnnej rúre a pri vysokej teplote 9 minút. Posypeme zvyšným syrom, prikryjeme fóliou a necháme 20 minút odstáť.

pistáciový chlieb do mikrovlnky

Vyrobí bochník s hmotnosťou 450 g/1 lb

225 g/8 oz/2 šálky hladkej múky (univerzálne)

10 oz/300 g/1 ¼ šálky práškového cukru (veľmi jemný)

5 ml/1 čajová lyžička sódy bikarbóny

štipka soli

100 g/4 oz/½ šálky masla alebo margarínu, zmäkčeného

150 ml/¼ pt/2/3 šálky mlieka

2,5 ml/½ čajovej lyžičky vanilkového extraktu

4 bielka

50 g nasekaných vlašských orechov

Zmiešame múku, cukor, prášok do pečiva a soľ. Pridajte maslo alebo margarín, potom mlieko a vanilkový extrakt. Z bielkov vyšľaháme krém, potom vmiešame orechy. Nalejte do vymasteného a múkou vysypaného plechu na mikrovlnnú rúru (forma) s hmotnosťou 450 g/1 lb a vložte do mikrovlnnej rúry na 12 minút. Vyberte z rúry, prikryte hliníkovou fóliou a nechajte 10 minút vychladnúť, potom vyberte z formy na mriežke, aby ste dokončili chladenie.

Žiadna rúra Amaretti Cake

Urobí tortu 8"/20 cm

100 g/4 oz/½ šálky masla alebo margarínu

175 g/6 oz/1 ½ šálky hladkej čokolády (polosladkej)

75g/3oz Amaretti sušienky (cookies), nahrubo rozdrvené

175 g nasekaných vlašských orechov

50 g/2 oz/½ šálky píniových orieškov

75 g/3 oz/1/3 šálky čerešní (kandidovaných), nasekaných

30 ml/2 polievkové lyžice. Veľký Marnier

225 g/8 oz/1 šálka syra mascarpone

V žiaruvzdornej miske nad hrncom s vriacou vodou rozpustite maslo alebo margarín a čokoládu. Odstráňte z tepla a vmiešajte sušienky, orechy a čerešne. Nalejte do sendvičovej formy (formy) pokrytej potravinovou fóliou (plastovou fóliou) a zľahka pritlačte. Chladiť 1 hodinu, kým stuhne. Preneste na servírovací tanier a odstráňte potravinovú fóliu. Grand Marnier zašľaháme do Mascarpone a nalejeme na základ.

Americké chrumkavé ryžové tyčinky

Vytvára asi 24 barov

2 oz/¼ šálky/50 g masla alebo margarínu

225g/8oz biele marshmallows

5 ml/1 čajová lyžička vanilkového extraktu

5 oz/150 g pufovaných ryžových vločiek

Vo veľkej panvici na miernom ohni roztopte maslo alebo margarín. Pridajte marshmallows a varte za stáleho miešania, kým sa marshmallow neroztopia a nezískajú sirup. Odstavíme z ohňa a pridáme vanilkový extrakt. Ryžové vločky miešajte, kým nebudú rovnomerne obalené. Natlačíme do štvorcovej formy (9 palcov/23 cm) a nakrájame na tyčinky. Vezmime si to.

Marhuľové štvorce

dať 12

2 oz/¼ šálky/50 g masla alebo margarínu

175 g/6 oz/1 malá plechovka odpareného mlieka

15 ml / 1 polievková lyžica medu

45 ml/3 polievkové lyžice jablkovej šťavy

50 g/2 oz/¼ šálky mäkkého hnedého cukru

50g/2oz/1/3 šálky hrozienok (zlaté hrozienka)

8 oz / 11/3 šálky sušených marhúľ pripravených na konzumáciu, nasekaných

100 g/4 oz/1 šálka sušeného kokosu (strúhaného)

225 g/8 oz/2 šálky ovsených vločiek

Maslo alebo margarín rozpustíme s mliekom, medom, jablkovou šťavou a cukrom. Pridajte zvyšok ingrediencií. Natlačíme do 25 cm/12 maslovej formy a pred krájaním na štvorce necháme vychladnúť.

Marhuľová torta

Urobí tortu 9"/23 cm

14 oz/400 g veľkých polovičiek marhúľ, scedených a odšťavených

50 g/2 oz/½ šálky pudingového prášku

75 g/3 oz/¼ šálky marhuľového želé (priehľadné plechovky)

75 g/3 oz/½ šálky nasekaných sušených marhúľ pripravených na konzumáciu

400g/14oz/1 veľká plechovka kondenzovaného mlieka

225 g/8 oz/1 šálka tvarohu

45 ml/3 polievkové lyžice citrónovej šťavy

1 švajčiarska rolka, nakrájaná na plátky

Pripravte marhuľovú šťavu s vodou na 500 ml/17 fl oz/2¼ šálky. Z pudingového prášku urobte pastu s trochou tekutiny a zvyšok potom prevarte. Zmiešajte cukrársky krém a marhuľové želé a za stáleho miešania varte do zhustnutia a lesku. Zavárané marhule rozdrvíme a pridáme k zmesi so sušenými marhuľami. Za občasného miešania necháme vychladnúť.

Vyšľahajte kondenzované mlieko, tvaroh a citrónovú šťavu, kým sa dobre nezmiešajú, a potom vmiešajte do želé. Tortovú formu s priemerom 23 cm zakryte potravinovou fóliou (igelitom) a na dno a boky formy poukladajte plátky švajčiarskej (želé) rolky. Nalejte do zmesi na koláč a ochlaďte, kým nezmrazí. Pri podávaní formu opatrne otvoríme.

Rozbité koláčiky

dať 12

100 g/4 oz/½ šálky masla alebo margarínu

30 ml/2 polievkové lyžice práškového cukru (veľmi jemný)

15 ml/1 čajová lyžička lyžice zlatého sirupu (svetlá kukurica)

30 ml/2 polievkové lyžice kakaového (nesladeného čokoládového) prášku

225 g/8 oz/2 šálky drvených sušienok (sušienka)

50g/2oz/1/3 šálky hrozienok (zlaté hrozienka)

Rozpustite maslo alebo margarín s cukrom a sirupom bez varu. Vmiešame kakao, sušienky a hrozienka. Natlačíme do maslom vymastenej formy s priemerom 10/25 cm, necháme vychladnúť a potom dáme do chladničky stuhnúť. Nakrájajte na štvorce.

Cmarový koláč bez rúry

Urobí tortu 9"/23 cm

30 ml/2 polievkové lyžice cukrárskeho krému

100 g/4 oz/½ šálky práškového cukru (veľmi jemného)

450 ml/¾ pt/2 pohár mlieka

6 fl oz/¾ šálky cmaru/175 ml

25 g/1 oz/2 lyžice masla alebo margarínu

400g/12oz hladké sušienky (cookies), rozdrvené

120 ml/4 fl oz/½ šálky šľahačky

Smotanu a cukor zmiešame s trochou mlieka, kým z toho nevznikne pasta. Zvyšok mlieka prevaríme. Vmiešame do cesta, potom všetko vrátime na panvicu a na miernom ohni miešame do zhustnutia, asi 5 minút. Vmiešame cmar a maslo alebo margarín. Rozdrvenú zmes sušienok a cukrárskeho krému rozotrite do tortovej formy (formy) s priemerom 23 cm s potravinovou fóliou (igelit) alebo do sklenenej misy. Zľahka stlačte a ochlaďte, kým stuhne. Smotanu vyšľaháme dotuha, potom na tortu vytlačíme ružičky smotany. Naservírujte na tanier alebo ho opatrne nadvihnite, aby ste mohli podávať.

gaštanový plátok

Urobí 900 g / 2 lb bochník

225 g/8 oz/2 šálky hladkej čokolády (polosladkej)

100 g/4 oz/½ šálky masla alebo margarínu, zmäkčeného

100 g/4 oz/½ šálky práškového cukru (veľmi jemného)

450 g/1 lb/1 veľká krabička nesladené gaštanové pyré

25g/1oz/¼ šálky ryžovej múky

Pár kvapiek vanilkového extraktu (esencia)

2/3 šálky/¼ pt/150 ml šľahačkovej smotany, vyšľahaná

Postrúhaná čokoláda na ozdobenie

Horkú čokoládu roztopte v žiaruvzdornej miske nad hrncom s vriacou vodou. Maslo alebo margarín a cukor vyšľahajte do svetlej a nadýchanej hmoty. Pridajte gaštanové pyré, čokoládu, ryžovú múku a vanilkový extrakt. Nalejte do vymastenej a vysypanej 900g/2lb bochníkovej formy (plechovej formy) a ochlaďte, kým stuhne. Pred podávaním ozdobíme šľahačkou a strúhanou čokoládou.

gaštanová piškóta

Urobí 900g/2lb koláč

Na tortu:

400 g/14 oz/1 veľká plechovka kandizované gaštanové pyré

100 g/4 oz/½ šálky masla alebo margarínu, zmäkčeného

1 vajce

Pár kvapiek vanilkového extraktu (esencia)

30 ml/2 polievkové lyžice koňaku

24 krehkých sušienok (cookies)

Na polevu:

30 ml/2 polievkové lyžice kakaového (nesladeného čokoládového) prášku

15 ml/1 polievková lyžica práškového cukru (veľmi jemný)

30 ml/2 polievkové lyžice vody

Na maslový krém:

100 g/4 oz/½ šálky masla alebo margarínu, zmäkčeného

2/3 šálky/4 oz/100 g práškového cukru, preosiateho

15 ml/1 polievková lyžica kávového extraktu

Na tortu zmiešame gaštanové pyré, maslo alebo margarín, vajíčko, vanilkový extrakt a 15 ml/1 polievkovú lyžičku. koňak a šľahajte do hladka. Formu na chlieb s hmotnosťou 900 g/2 lb vymastite a zarovnajte a dno a boky vysteľte špongiou. Sušienky pokvapkáme zvyškom brandy a do stredu nalejeme gaštanovú zmes. Odložte do chladničky do stuhnutia.

Odstráňte formu a odstráňte krycí papier. Roztopte prísady na polevu v žiaruvzdornej miske umiestnenej nad hrncom s vriacou vodou a premiešajte, kým nebudú hladké. Mierne vychladnite a potom väčšinu krému rozotrite na koláč. Ingrediencie na maslový krém spolu vyšľahajte do hladka a potom zatočte okolo okrajov koláča. Na záver pokvapkáme vyhradenou polevou.

Čokoládové a mandľové tyčinky

dať 12

175 g/6 oz/1 ½ šálky hladkej (polosladkej) čokolády, nasekanej

3 vajcia, oddelené

120 ml/4 fl oz/½ šálky mlieka

10 ml/2 čajové lyžičky želatínového prášku

120 ml/4 fl oz/½ šálky smotany (hustá)

45 ml/3 polievkové lyžice. lyžice práškového cukru (veľmi jemného)

60 ml/4 čajové lyžičky lyžice strúhaných mandlí (nasekaných), opražených

Čokoládu rozpustite v žiaruvzdornej miske umiestnenej nad hrncom s vriacou vodou. Odstavíme z ohňa a pridáme žĺtky a premiešame. Mlieko prevarte v samostatnom hrnci a potom doň zašľahajte želatínu. Vmiešame do čokoládovej zmesi, potom vmiešame smotanu. Z bielkov vyšľaháme tuhý sneh, potom pridáme cukor a opäť vyšľaháme do tuha a lesku. Vmiešame do zmesi. Nalejte do vymastenej a vysypanej 450g/1lb bochníkovej formy (plechy), posypte opraženými mandľami a nechajte vychladnúť, potom dajte do chladničky aspoň na 3 hodiny, kým nezmrazí. Otočte a nakrájajte na hrubé plátky, aby ste mohli podávať

Čokoládová chrumkavá torta

Vyrobí bochník s hmotnosťou 450 g/1 lb

2/3 šálky/5 uncí/150 g masla alebo margarínu
30 ml/2 polievkové lyžice. lyžica zlatého sirupu (svetlá kukurica)

175 g/6 oz/1½ šálky strúhanky na tráviace sušienky (grahamové sušienky)

2 oz/50 g pufovaných ryžových vločiek

25 g/1oz/3 lyžice. lyžice hrozienok (zlaté hrozienka)

25 g/1oz/2 polievkové lyžice. lyžica glazúrovaných čerešní (kandizovaných), nasekaných

225 g/8 oz/2 šálky čokoládových lupienkov

30 ml/2 polievkové lyžice vody

175 g/6 oz/1 šálka práškového cukru (na cukrovinky), preosiateho

Rozpustite ½ šálky/4 oz/100 g masla alebo margarínu so sirupom, potom odstráňte z tepla a primiešajte tri štvrtiny omrviniek, cereálie, hrozienka, čerešne a čokoládové lupienky. Vylejeme do vymastenej a vysypanej formy na muffiny s hmotnosťou 450 g/1 lb a vrch uhladíme. Odložte do chladničky do stuhnutia. Zvyšok masla alebo margarínu rozpustíme s čokoládou a vodou. Pridajte práškový cukor a miešajte do hladka. Tortu vyberieme z formy a prekrojíme pozdĺžne na polovicu. Obložte polovicu čokoládovej polevy (polevy), položte na servírovací tanier a na vrch nalejte zvyšný krém. Pred podávaním vychladnúť.

Čokoládové štvorčeky

dáva okolo 24

225g/8oz tráviace sušienky (grahamové sušienky)

100 g/4 oz/½ šálky masla alebo margarínu

25g/1oz/2 lyžice práškového cukru (veľmi jemný)

15 ml/1 čajová lyžička lyžice zlatého sirupu (svetlá kukurica)

45 ml/3 lyžice kakaového prášku (nesladená čokoláda)

200 g/7 oz/1¾ šálky čokoládovej polevy

Vložte cookies do plastového vrecka a rozdrvte ich valčekom. V hrnci rozpustite maslo alebo margarín, potom vmiešajte cukor a sirup. Odstavíme z ohňa a primiešame strúhanku a kakao. Vytvorte vymastenú a základom vysypanú štvorcovú formu 18 cm/7 a rovnomerne utlačte. Nechajte vychladnúť a potom dajte do chladničky do stuhnutia.

Čokoládu rozpustite v žiaruvzdornej miske umiestnenej nad hrncom s vriacou vodou. Rozotrite na sušienku a označte čiary vidličkou, kým stuhne. Po vytvrdnutí nakrájame na štvorce.

Čokoládová torta v chladničke

Urobí 450g/1lb koláč

100 g/4 oz/½ šálky mäkkého hnedého cukru

100 g/4 oz/½ šálky masla alebo margarínu

50 g/2 oz/½ šálky čokoládového prášku

25g/1oz/¼ šálky kakaového prášku (nesladená čokoláda).

30 ml/2 polievkové lyžice. lyžica zlatého sirupu (svetlá kukurica)

5 oz/150 g tráviacich sušienok (grahamových sušienok) alebo bohatých čajových sušienok

2 oz/¼ šálky/50 g čerešní (kandizovaných) alebo zmiešaných orechov a hrozienok

100g/4oz/1 šálka mliečnej čokolády

Cukor, maslo alebo margarín, pitnú čokoládu, kakao a sirup dáme do hrnca a za mierneho miešania zahrievame, kým sa maslo nerozpustí. Odstráňte z tepla a rozdrvte na sušienky. Zmiešajte čerešne alebo vlašské orechy a hrozienka a nalejte do 450g/1lb ošatky (panvice). Nechajte vychladnúť v chladničke.

Čokoládu rozpustíme v žiaruvzdornej miske nad hrncom s vriacou vodou. Natrieme na vychladnutý koláč a po upečení nakrájame.

Čokoládový a ovocný koláč

Urobí tortu 7"/18 cm

100 g/4 oz/½ šálky masla alebo margarínu, rozpusteného

100 g/4 oz/½ šálky mäkkého hnedého cukru

225 g/8 oz/2 šálky strúhanky na tráviace sušienky (grahamové sušienky)

50g/2oz/1/3 šálky hrozienok (zlaté hrozienka)

45 ml/3 lyžice kakaového prášku (nesladená čokoláda)

1 miešané vajce

Pár kvapiek vanilkového extraktu (esencia)

Zmiešajte maslo alebo margarín a cukor, potom pridajte zvyšné ingrediencie a dobre prešľahajte. Vylejeme do vymastenej chlebíčkovej formy s priemerom 18 cm/7 cm a povrch uhladíme. Dajte do chladničky, kým stuhne.

Čokoládové zázvorové štvorčeky

dať 24

100 g/4 oz/½ šálky masla alebo margarínu

100 g/4 oz/½ šálky mäkkého hnedého cukru

30 ml/2 polievkové lyžice kakaového (nesladeného čokoládového) prášku

1 vajce, zľahka rozšľahané

2 šálky/8oz/225g omrviniek z perníka

15 ml/1 polievková lyžica nasekaného kandizovaného (kandizovaného) zázvoru

Roztopte maslo alebo margarín, potom vmiešajte cukor a kakao, kým sa nezmieša. Vmiešame vajíčko, strúhanku a zázvor. Natlačíme do švajčiarskej ošatky (želé rolky) a dáme do chladničky stuhnúť. Nakrájajte na štvorce.

Luxusné čokoládové zázvorové štvorčeky

dať 24

100 g/4 oz/½ šálky masla alebo margarínu

100 g/4 oz/½ šálky mäkkého hnedého cukru

30 ml/2 polievkové lyžice kakaového (nesladeného čokoládového) prášku

1 vajce, zľahka rozšľahané

2 šálky/8oz/225g omrviniek z perníka

15 ml/1 polievková lyžica nasekaného kandizovaného (kandizovaného) zázvoru

100 g/4 oz/1 šálka hladkej čokolády (polosladká)

Roztopte maslo alebo margarín, potom vmiešajte cukor a kakao, kým sa nezmieša. Vmiešame vajíčko, strúhanku a zázvor. Natlačíme do švajčiarskej ošatky (želé rolky) a dáme do chladničky stuhnúť.

> Čokoládu rozpustíte v žiaruvzdornej miske umiestnenej nad hrncom s vriacou vodou. Natrieme na koláč a necháme odležať. Keď je čokoláda takmer tvrdá, nakrájame ju na štvorce.

Čokoládové a medové sušienky

dať 12

225 g/8 oz/1 šálka masla alebo margarínu

30 ml/2 polievkové lyžice čistého medu

90 ml/6 lyžíc karobového alebo kakaového prášku (nesladená čokoláda)

225 g/8 oz/2 šálky sladkých sušienok (sušienka)

Na panvici rozpustite maslo alebo margarín, med a karobový alebo kakaový prášok, kým sa dobre nepremiešajú. Vmiešame sušienky. Nalejte do vymastenej 8 palcovej/20 cm štvorcovej formy (formy) a nechajte vychladnúť a potom nakrájajte na štvorce.

čokoládové lístkové cesto

Urobí 450g/1lb koláč

½ pt/1 ¼ šálky/300 ml smotany (hustá)

225 g/8 oz/2 šálky hladkej (polosladkej) čokolády, nasekanej

5 ml/1 čajová lyžička vanilkového extraktu

20 obyčajných sušienok (cookies)

Smotanu zohrejte v hrnci na miernom ohni, kým nezovrie. Odstavíme z ohňa a pridáme čokoládu, premiešame, prikryjeme a necháme 5 minút odstáť. Vmiešame vanilkový extrakt a miešame, kým sa nespojí, potom dáme do chladničky, kým zmes nezačne hustnúť.

Formu na chlieb s hmotnosťou 450 g / 1 lb prikryte potravinovou fóliou (plastovou fóliou). Na spodok natrieme vrstvu čokolády a na vrch položíme niekoľko sušienok. Čokoládu a sušienky ukladajte na seba, kým ich nespotrebujete. Ukončite vrstvou čokolády. Zakryte potravinovou fóliou a dajte do chladničky aspoň na 3 hodiny. Vyberte koláč z formy a odstráňte potravinovú fóliu.

krásne čokoládky

dať 12

100 g/4 oz/½ šálky masla alebo margarínu

30 ml/2 polievkové lyžice. lyžica zlatého sirupu (svetlá kukurica)

30 ml/2 polievkové lyžice kakaového (nesladeného čokoládového) prášku

225g/8oz/1bal Sladké alebo obyčajné sušienky (cookies), nahrubo rozdrvené

100 g/4 oz/1 šálka hladkej (polosladkej) čokolády, nasekanej

Rozpustite maslo alebo margarín a sirup, potom odstavte z ohňa a vmiešajte kakao a rozdrvené sušienky. Rozložte zmes na štvorcovú panvicu s rozmermi 23 cm x 9 palcov a uhlaďte povrch. Čokoládu rozpustíme v žiaruvzdornej miske nad hrncom s vriacou vodou a rozotrieme. Mierne ochlaďte, potom nakrájajte na tyčinky alebo štvorce a dajte do chladničky, kým nie sú pevné.

Čokoládové pralinkové štvorčeky

dať 12

100 g/4 oz/½ šálky masla alebo margarínu

30 ml/2 polievkové lyžice práškového cukru (veľmi jemný)

15 ml/1 čajová lyžička lyžice zlatého sirupu (svetlá kukurica)

15 ml/1 polievková lyžica čokoládového prášku

8 oz/225 g tráviacich sušienok (grahamových sušienok), drvených

200 g/7 oz/1¾ šálky hladkej čokolády (polosladkej)

100 g/4 oz/1 šálka nasekaných zmiešaných orechov

V hrnci rozpustite maslo alebo margarín, cukor, sirup a čokoládu na pitie. Priveďte do varu a potom varte 40 sekúnd. Odstráňte z tepla a vmiešajte sušienky a orechy. Vtlačíme do vymastenej tortovej formy 28 x 18 cm/11 x 7 (forma). Čokoládu rozpustíme v žiaruvzdornej miske nad hrncom s vriacou vodou. Rozotrite na sušienky a nechajte vychladnúť, potom dajte na 2 hodiny do chladničky a potom nakrájajte na štvorce.

kokosové lupienky

dať 12

100 g/4 oz/1 šálka hladkej čokolády (polosladká)

30 ml/2 polievkové lyžice mlieka

30 ml/2 polievkové lyžice. lyžica zlatého sirupu (svetlá kukurica)

4 oz/100 g pufovaných ryžových vločiek

50 g/2 oz/½ šálky sušeného kokosu (strúhaného)

V hrnci rozpustíme čokoládu, mlieko a sirup. Odstráňte z tepla a vmiešajte cereálie a kokos. Nalejeme do papierových košíčkov (plechov na tortu) a necháme odstáť.

chrumkavé tyčinky

dať 12

175 g/6 oz/¾ šálky masla alebo margarínu

50 g/2 oz/¼ šálky mäkkého hnedého cukru

30 ml/2 polievkové lyžice. lyžica zlatého sirupu (svetlá kukurica)

45 ml/3 lyžice kakaového prášku (nesladená čokoláda)

75 g/3 oz/½ šálky hrozienok alebo sultánky (zlaté hrozienka)

350 g/12 oz/3 šálky chrumkavých ovsených vločiek

225 g/8 oz/2 šálky hladkej čokolády (polosladkej)

Maslo alebo margarín rozpustíme s cukrom, sirupom a kakaom. Zmiešajte hrozienka alebo hrozienka a zrná. Zmes natlačíme do maslom vymastenej formy 25 cm/12 (forma). Čokoládu rozpustíme v žiaruvzdornej miske nad hrncom s vriacou vodou. Rozotrite na tyčinky a nechajte vychladnúť, potom pred krájaním na tyčinky dajte do chladničky.

Kokosové hroznové koláčiky

dať 12

100g/4oz/1 šálka bielej čokolády

30 ml/2 polievkové lyžice mlieka

30 ml/2 polievkové lyžice. lyžica zlatého sirupu (svetlá kukurica)

6 oz/175 g pufovaných ryžových vločiek

50g/2oz/1/3 šálky hrozienok

V hrnci rozpustíme čokoládu, mlieko a sirup. Odstráňte z tepla a vmiešajte obilniny a hrozienka. Nalejeme do papierových košíčkov (plechov na tortu) a necháme odstáť.

Štvorčeky mlieka a kávy

dať 20

25 g / 1 oz / 2 polievkové lyžice práškovej želatíny

75 ml/5 polievkových lyžíc studenej vody

225 g/8 oz/2 šálky obyčajných sušienok

2 oz/¼ šálky/50 g masla alebo margarínu, roztopené

400 g/14 oz/1 veľká plechovka odpareného mlieka

2/3 šálky/5 uncí/150 g práškového cukru (veľmi jemný)

14 fl oz/1¾ šálky hlbokej čiernej kávy s ľadom

Šľahačka a kandizované pomaranče (kandizované) na ozdobu

Želatínu rozprášime nad vodou v miske a necháme postáť, kým nebude špongiová. Vložte misku do panvice s horúcou vodou a nechajte ju sedieť, kým sa nerozpustí. Necháme mierne vychladnúť. Do rozpusteného masla vložíme strúhanku a vtlačíme na dno a boky maslom vymastenej obdĺžnikovej tortovej formy s rozmermi 30 x 20 cm/12 x 8 (plech). Odparené mlieko šľaháme, kým nezhustne, potom postupne vmiešame cukor, potom rozpustenú želatínu a kávu. Nalejte na základňu a vložte do chladničky, kým stuhne. Nakrájame na štvorce a ozdobíme šľahačkou a kandizovaným pomarančom (kandizovaným).

Ovocný koláč bez rúry

Urobí tortu 9"/23 cm

450 g/1 lb/2 2/3 šálky zmiešaného sušeného ovocia (zmes ovocných koláčov)

450 g/1 lb obyčajných sušienok (cookies), rozdrvených

100 g/4 oz/½ šálky masla alebo margarínu, rozpusteného

100 g/4 oz/½ šálky mäkkého hnedého cukru

400g/14oz/1 veľká plechovka kondenzovaného mlieka

5 ml/1 čajová lyžička vanilkového extraktu

Miešajte všetky zložky, kým sa dobre nezmiešajú. Vylejeme do vymastenej tortovej formy 9/23 cm vystlanej fóliou a vyrovnáme. Odložte do chladničky do stuhnutia.

ovocné štvorce

približne 12 výťažkov

100 g/4 oz/½ šálky masla alebo margarínu

100 g/4 oz/½ šálky mäkkého hnedého cukru

400g/14oz/1 veľká plechovka kondenzovaného mlieka

5 ml/1 čajová lyžička vanilkového extraktu

250 g/9 oz/1½ šálky zmiešaného sušeného ovocia (zmes ovocných koláčov)

100 g/4 oz/½ šálky čerešní (kandizované)

50 g/2 oz/½ šálky nasekaných zmiešaných orechov

400 g/14 oz hladké sušienky (cookies), rozdrvené

Na miernom ohni roztopte maslo alebo margarín a cukor. Pridajte kondenzované mlieko a vanilkový extrakt a odstráňte z tepla. Zmiešajte zvyšné ingrediencie. Natlačíme do vymastenej švajčiarskej formy (želé rolky) a dáme do chladničky na 24 hodín, kým stuhne. Nakrájajte na štvorce.

Ovocné a vlákninové krekry

dať 12

100 g/4 oz/1 šálka hladkej čokolády (polosladká)

2 oz/¼ šálky/50 g masla alebo margarínu

15 ml/1 čajová lyžička lyžice zlatého sirupu (svetlá kukurica)

100 g/4 oz/1 šálka ovocia a vlákniny na raňajky

Čokoládu rozpustíme v žiaruvzdornej miske nad hrncom s vriacou vodou. Zmiešajte maslo alebo margarín a sirup. Vmiešame obilie. Nalejeme do papierových košíčkov (plechov na tortu) a necháme vychladnúť.

Nugátový koláč

Urobí 900g/2lb koláč

15 g/½ oz/1 polievková lyžica práškovej želatíny

100 ml/3½ fl oz/6½ lyžice vody

1 vrecko nezdravej špongie

8 oz/1 šálka masla alebo margarínu, zmäkčeného

50 g/2 oz/¼ šálky práškového cukru (veľmi jemného)

400g/14oz/1 veľká plechovka kondenzovaného mlieka

5 ml/1 čajová lyžička citrónovej šťavy

5 ml/1 čajová lyžička vanilkového extraktu

5 ml/1 čajová lyžička vínneho kameňa

2/3 šálky/4 oz/100 g sušeného mixovaného ovocia (zmes ovocných koláčov), nasekané

Nasypte želatínu na malú misku s vodou a potom vložte misku do hrnca s horúcou vodou, kým sa želatína nestane priehľadnou. Mierne vychladnúť. Formu (formu) prikryte hliníkovou fóliou s hmotnosťou 900 g/2 lb tak, aby fólia pokrývala hornú časť formy, a potom na spodok položte polovicu piškót. Maslo alebo margarín a cukor vyšľaháme do krémova a potom vmiešame všetky zvyšné ingrediencie. Vylejeme do formy a na vrch poukladáme zvyšnú piškótu. Zakryte ho hliníkovou fóliou a položte naň závažie. Odložte do chladničky do stuhnutia.

Mlieko a kokosové štvorce

dať 20

Pre základňu:

225 g/8 oz/2 šálky obyčajných sušienok

30 ml/2 polievkové lyžice jemného hnedého cukru

2,5 ml/½ čajovej lyžičky strúhaného kokosu

100 g/4 oz/½ šálky masla alebo margarínu, rozpusteného

Na náplň:

1,2 litra/2 qts/5 šálok mlieka

25 g/1 oz/2 lyžice masla alebo margarínu

2 vajcia, oddelené

225 g/8 oz/1 šálka práškového cukru (veľmi jemného)

100 g/4 oz/1 šálka kukuričnej múky (kukuričný škrob)

50 g/2 oz/½ šálky hladkej múky (univerzálne)

5 ml/1 čajová lyžička sódy bikarbóny

Štipka strúhaného kokosu

strúhaný kokos na posypanie

Na prípravu základu zmiešajte strúhanku, cukor a kokos s rozpusteným maslom alebo margarínom a natlačte na dno maslom vymastenej formy 30 x 20 cm/12 x 8.

Na prípravu plnky uvarte 1¾ šálky/1 liter/4¼ šálky mlieka vo veľkom hrnci. Pridajte maslo alebo margarín. Vaječné žĺtky vyšľaháme so zvyškom mlieka. Zmiešame spolu cukor, kukuričný škrob, múku, prášok do pečiva a muškátový oriešok. Časť vriaceho mlieka zašľaháme do žĺtkovej zmesi, kým sa nevytvorí pasta, potom do vriaceho mlieka za stáleho miešania na miernom ohni niekoľko minút vmiešame cesto, kým nezhustne. Odstráňte z ohňa. Z bielkov vyšľaháme tuhý sneh a potom ich pridáme do zmesi. Nalejeme na základ a bohato posypeme muškátovým orieškom. Nechajte vychladnúť, potom dajte do chladničky a pred podávaním nakrájajte na štvorce.

chrumkavé müsli

Vytvára asi 16 štvorcov

400 g/14 oz/3 ½ šálky hladkej čokolády (polosladká)

45 ml/3 polievkové lyžice. lyžica zlatého sirupu (svetlá kukurica)

25 g/1 oz/2 lyžice masla alebo margarínu

Približne 225 g/8 oz/2/3 šálky müsli

Rozpustite čokoládu, sirup a polovicu masla alebo margarínu. Postupne primiešame toľko müsli, aby sme získali pevnú zmes. Natlačíme do vymastenej švajčiarskej ošatky (želé formy). Zvyšnú čokoládu rozpustíme vo vodnej nádrži a vrch uhladíme. Pred krájaním na štvorce nechajte vychladnúť v chladničke.

Orange Mousse Squares

dať 20

25 g / 1 oz / 2 polievkové lyžice práškovej želatíny

75 ml/5 polievkových lyžíc studenej vody

225 g/8 oz/2 šálky obyčajných sušienok

2 oz/¼ šálky/50 g masla alebo margarínu, roztopené

400 g/14 oz/1 veľká plechovka odpareného mlieka

2/3 šálky/5 uncí/150 g práškového cukru (veľmi jemný)

400 ml/14 fl oz/1¾ šálky pomarančovej šťavy

Šľahačka a čokoládový fudge na ozdobenie

Želatínu rozprášime nad vodou v miske a necháme postáť, kým nebude špongiová. Vložte misku do panvice s horúcou vodou a nechajte ju sedieť, kým sa nerozpustí. Necháme mierne vychladnúť. Do rozpusteného masla vložíme strúhanku a vtlačíme na dno a boky maslom vymastenej tortovej formy s rozmermi 30 x 20 cm/12 x 8 (plech). Mlieko šľaháme, kým nezhustne, potom postupne vmiešame cukor, potom rozpustenú želatínu a pomarančovú šťavu. Nalejte na základňu a vložte do chladničky, kým stuhne. Nakrájame na štvorce a ozdobíme šľahačkou a čokoládovým fudge.

Arašidové štvorce

dáva 18

225 g/8 oz/2 šálky obyčajných sušienok

100 g/4 oz/½ šálky masla alebo margarínu, rozpusteného

8 oz/1 šálka chrumkavého arašidového masla

25 g/1oz/2 polievkové lyžice. lyžice čerešní (kandizované)

25 g / 1 oz / 3 polievkové lyžice kustovnice

Miešajte všetky zložky, kým sa dobre nezmiešajú. Natlačíme do vymastenej 25cm/12 formy (formy) a necháme vychladnúť, kým nie je pevná, a potom nakrájame na štvorce.

Mätový karamelový koláč

dáva 16

400g/14oz/1 veľká plechovka kondenzovaného mlieka

600 ml/1 pt/2½ šálky mlieka

30 ml/2 polievkové lyžice cukrárskeho krému

225 g/8 oz/2 šálky strúhanky na tráviace sušienky (grahamové sušienky)

100 g/4 oz/1 šálka mätovej čokolády nalámanej na kúsky

Neotvorenú plechovku kondenzovaného mlieka vložte do hrnca naplneného dostatočným množstvom vody, aby zakryla plechovku. Priveďte do varu, prikryte a varte 3 hodiny, v prípade potreby pridajte vriacu vodu. Nechajte to vychladnúť, potom otvorte plechovku a odstráňte karamel.

Zohrejte 2¼ šálky/17 fl oz/500 ml mlieka s karamelom, priveďte do varu a miešajte, kým sa neroztopí. Zo zvyšného mlieka pripravte pastu z pudingového prášku, potom ju pridajte do hrnca a za stáleho miešania ďalej dusíme, kým nezhustne. Polovicu omrviniek nasypte na dno vymastenej štvorcovej formy s rozmermi 8"/20 cm, potom navrch posypte polovicou smotanového karamelu a posypte polovicou čokolády. Vrstvy opakujte, potom nechajte vychladnúť. Ochlaďte a potom nakrájajte na porcie na podávanie.

ryžové koláčiky

dať 24

175 g/6 oz/½ šálky čistého medu

225g/8oz/1 šálka kryštálového cukru

60 ml/4 polievkové lyžice vody

350 g/12 oz/1 plechovka pufovaných ryžových vločiek

100 g/4 oz/1 šálka pražených arašidov

Vo veľkom hrnci rozpustite med, cukor a vodu a nechajte 5 minút vychladnúť. Zmiešajte zrná a arašidy. Vyvaľkáme guľky, vložíme do papierových košíčkov (plechov na tortu) a necháme vychladnúť a stuhnúť.

Ryža a čokoládový fondán

Robí 225 g / 8 oz

2 oz/¼ šálky/50 g masla alebo margarínu

30 ml/2 polievkové lyžice. lyžica zlatého sirupu (svetlá kukurica)

30 ml/2 polievkové lyžice kakaového (nesladeného čokoládového) prášku

60 ml/4 čajové lyžičky polievkové lyžice práškového cukru (veľmi jemný)

50 g/2 oz/½ šálky mletej ryže

Roztopte maslo a sirup. Vmiešame kakao a cukor, kým sa nerozpustí, a potom vmiešame mletú ryžu. Pomaly priveďte do varu, znížte teplotu a za stáleho miešania varte 5 minút domäkka. Vylejeme do maslom vymastenej a vysypanej štvorcovej formy s priemerom 20 cm a necháme mierne vychladnúť. Nakrájajte na štvorce a pred vybratím z formy nechajte úplne vychladnúť.

Mandľové maslo

Pokrýva vrch a boky torty s rozmermi 9"/23 cm

225 g/8 oz/2 šálky mletých mandlí

8 oz/11/3 šálky/225 g práškového cukru, preosiateho

225 g/8 oz/1 šálka práškového cukru (veľmi jemného)

2 vajcia, zľahka rozšľahané

10 ml/2 čajové lyžičky citrónovej šťavy

Pár kvapiek mandľového extraktu (esencia)

Mandle a cukor spolu vyšľaháme. Postupne pridávajte zvyšné ingrediencie, kým nezískate hladkú pastu. Pred použitím zabaľte do potravinárskej fólie (plastovej fólie) a uchovávajte v chladničke.

Mandľové maslo bez cukru

Pokrýva vrch a boky torty 6"/15 cm

100 g/4 oz/1 šálka mletých mandlí

50 g/2 oz/½ šálky fruktózy

25 g/1 oz/¼ šálky kukuričnej múčky (kukuričný škrob)

1 vajce, zľahka rozšľahané

Zmiešajte všetky ingrediencie, kým nezískate hladkú pastu. Pred použitím zabaľte do potravinárskej fólie (plastovej fólie) a uchovávajte v chladničke.

kráľovský krém

Pokrýva vrch a boky torty 8"/20 cm

5 ml/1 čajová lyžička citrónovej šťavy

2 bielka

22/3 šálky/1 lb/450 g práškového cukru, preosiateho

5 ml/1 čajová lyžička glycerínu (voliteľné)

Zmiešame citrónovú šťavu a bielka a postupne zašľahávame práškový cukor, kým krém (poleva) nie je hladký a biely a nepokryje zadnú stranu lyžice. Niekoľko kvapiek glycerínu zabráni prílišnej krehkosti krému. Prikryte vlhkou handričkou a nechajte 20 minút pôsobiť, aby na povrch vystúpili vzduchové bubliny.

Krém tejto konzistencie môžeme poliať koláčom a uhladiť nožom namočeným v horúcej vode. Na pečenie pridajte ďalší práškový cukor, aby bol krém dostatočne tuhý, aby vytvoril vrcholy.

poleva bez cukru

Vystačí na pokrytie torty 6"/15 cm

50 g/2 oz/½ šálky fruktózy

štipka soli

1 vaječný bielok

2,5 ml/½ čajovej lyžičky citrónovej šťavy

Fruktózový prášok spracujte v kuchynskom robote, kým nebude jemný ako práškový cukor. Zmiešajte so soľou. Preložíme do žiaruvzdornej misy a primiešame bielko a citrónovú šťavu. Položte misku nad hrniec s vriacou vodou a pokračujte v šľahaní, kým sa nevytvoria tuhé vrcholy. Odstavíme z ohňa a šľaháme do vychladnutia.

fondánový krém

Vystačí na pokrytie torty 8"/20 cm

450 g/1 lb/2 šálky krupice (veľmi jemnej) alebo kockového cukru

150 ml/¼ pt/2/3 šálky vody

15 ml/1 polievková lyžica tekutej glukózy alebo 2,5 ml/½ polievkovej lyžice vinného kameňa

Vo veľkom hrnci s hrubým dnom rozpustite cukor vo vode na miernom ohni. Okraje formy utrite štetcom namočeným v studenej vode, aby ste zabránili tvorbe kryštálov. V troche vody rozpustite tatársku smotanu a potom ju nalejte do panvice. Keď kvapka polevy vytvorí mäkkú guľu, keď ju pustíte do studenej vody, priveďte ju do varu a nepretržite varte pri 115 °C/242 °F. Pomaly nalejte sirup do žiaruvzdornej misky a nechajte, kým sa nevytvorí kôra. Krém šľaháme drevenou lyžicou, kým sa nestane nepriehľadným a pevným. Miesime do hladka. V prípade potreby pred použitím zohrejte v žiaruvzdornej miske nad hrncom s horúcou vodou, aby zmäkla.

krémový krém

Dosť na naplnenie a potiahnutie torty 8"/20 cm

100 g/4 oz/½ šálky masla alebo margarínu, zmäkčeného

8 oz/ 11/3 šálky/225 g práškového cukru, preosiateho

30 ml/2 polievkové lyžice mlieka

Maslo alebo margarín vyšľaháme do hladka. Postupne primiešame práškový cukor a mlieko, kým sa nezmieša.

čokoládová omáčka

Dosť na naplnenie a potiahnutie torty 8"/20 cm

30 ml/2 polievkové lyžice kakaového (nesladeného čokoládového) prášku

15 ml/1 polievková lyžica vriacej vody

100 g/4 oz/½ šálky masla alebo margarínu, zmäkčeného

8 oz/1 1/3 šálky/225 g práškového cukru, preosiateho

15 ml/1 polievková lyžica mlieka

Kakao rozpracujeme vriacou vodou na pastu a necháme vychladnúť. Maslo alebo margarín vyšľaháme do hladka. Postupne pridávajte práškový cukor, mlieko a zmes kakaa, kým sa dobre nepremieša.

Krémová poleva z bielej čokolády

Dosť na naplnenie a potiahnutie torty 8"/20 cm

100g/4oz/1 šálka bielej čokolády

100 g/4 oz/½ šálky masla alebo margarínu, zmäkčeného

8 oz/1 1/3 šálky/225 g práškového cukru, preosiateho

15 ml/1 polievková lyžica mlieka

Čokoládu rozpustite v žiaruvzdornej miske nad hrncom s vriacou vodou a nechajte mierne vychladnúť. Maslo alebo margarín vyšľaháme do hladka. Postupne šľaháme práškový cukor, mlieko a čokoládu, kým sa nezmiešajú.

Kávová maslová poleva

Dosť na naplnenie a potiahnutie torty 8"/20 cm

100 g/4 oz/½ šálky masla alebo margarínu, zmäkčeného

8 oz/ 11/3 šálky/225 g práškového cukru, preosiateho

15 ml/1 polievková lyžica mlieka

15 ml/1 polievková lyžica kávového extraktu

Maslo alebo margarín vyšľaháme do hladka. Postupne primiešajte práškový cukor, mlieko a kávový extrakt, kým sa nezmiešajú.

citrónový krém na pečivo

Dosť na naplnenie a potiahnutie torty 8"/20 cm

100 g/4 oz/½ šálky masla alebo margarínu, zmäkčeného

8 oz/ 11/3 šálky/225 g práškového cukru, preosiateho

30 ml/2 polievkové lyžice citrónovej šťavy

Nastrúhaná kôra z 1 citróna

Maslo alebo margarín vyšľaháme do hladka. Postupne zašľaháme práškový cukor, citrónovú šťavu a kôru, kým sa nezmieša.

Pomarančové maslo

Dosť na naplnenie a potiahnutie torty 8"/20 cm

100 g/4 oz/½ šálky masla alebo margarínu, zmäkčeného

8 oz/ 11/3 šálky/225 g práškového cukru, preosiateho

30 ml/2 polievkové lyžice pomarančovej šťavy

Nastrúhaná kôra z 1 pomaranča

Maslo alebo margarín vyšľaháme do hladka. Postupne zašľaháme práškový cukor, pomarančový džús a kôru, kým sa nezmieša.

tvarohový krém

Vystačí na pokrytie torty 9"/25 cm

75 g/3 oz/1/3 šálky smotanového syra

30 ml/2 polievkové lyžice. lyžice masla alebo margarínu

350 g/12 oz/2 šálky práškového cukru (na cukrovinky), preosiateho

5 ml/1 čajová lyžička vanilkového extraktu

Šľahajte spolu syr a maslo alebo margarín, až kým nebude svetlý a nadýchaný. Postupne pridávame práškový cukor a vanilkový extrakt, kým nezískame hladkú a krémovú polevu.

www.ingramcontent.com/pod-product-compliance
Lightning Source LLC
Chambersburg PA
CBHW071430080526
44587CB00014B/1793